Series **教師のチカラ**

"荒れ"への「予防」と「治療」のコツ

学級づくりの基礎・基本

赤坂真二
Shinji Akasaka

『教師のチカラ』シリーズ　発刊によせて

　教師よ，元気になれ！　そのために〈教師のチカラ〉をつけよう！
　このメッセージを全国の教師たちに届けたい──これが本シリーズを企画した目的です。

　教育現場は今，私が教師になった20数年前とは比較にならぬほど"とんでもない状況"になっています。トップダウンでさまざまな教育施策が次々と現場に"おろされ"るなか，職員室でパソコンに向かいさまざまな報告文書を作成する教師の姿ばかりが見られるようになりました。一方，我が子に社会の常識やルールを教えようとせず・自己欲求を押し通そうとする保護者から，理不尽なクレームを浴びせられるケースが急増しています。
　こうした中で，希望と自信と元気をなくしている現場教師は少なくありません。また，「子どもをこうしたい」という理想に燃えて教師になったはずの若手教師が，新たな意欲的試みをしようとせず，教育実践面で"老いて"います。このままでは我が国の教育はダメになる，子どもたちがダメになる──これは決して大袈裟な言い方ではありません。

　では，現代の子どもたちには「力」がないのでしょうか？　そんなことはありません。全力を出して学習する，汗水流して働く，少々の困難に挫けず頑張る──こうした「力」が"冬眠状態"になっているだけなのです。

　この"冬眠状態"の「力」を引っ張り出し，正しい方向に発揮させていくのが教師の仕事であり，それを可能とする【教師力】が教師には求められます。【教師力】は教職年数と比例して自然と身につくモノではありません。

【教師力】を身につけるために何をすればいいのか？──この「問い」に対するひとつの「回答」、多くの「ヒント」を、『教師のチカラ』シリーズでお届けします。

　『教師のチカラ』シリーズは、「こうしたらこうなった」というやり方だけを示した「ノウハウ本」ではありません。「何のためにこの実践をするのか」といった〈そもそも論〉を含め、次の４点が記されたシリーズです。

A　目指すべき子どもたちの「姿」
B　実践群を創出した基本的「考え」
C　実践群の「事実」
D　BからCに至る道筋

　だからこそ『教師のチカラ』シリーズは、【教師力】を伸ばすための第１歩を踏み出そうとするあなたのお役に立つはずです。

　本シリーズが【教師力】の確実なレベルアップの一助となり、いつの日かあなたと実践者としてお会いできる事を願いつつ……

2008年１月

『教師のチカラ』シリーズ企画責任者・「道徳教育改革集団」代表

深澤　久

まえがき

「学級づくり楽しんでいますか？」

私はこの本を，学級づくりを大切に考え，学級づくりを学びたい，そして今の自分の学級づくりを"もう一段上達させたい"と思うすべての方々のために書きました。

約20年，学級担任をやってきました。駆け出しのころは，優れた実践家や先輩方から学んだことを手当たり次第やってみました。うまくいくこともありましたが，うまくいかないことが圧倒的に多かったです。それはなぜか。パズルは正しく組み合わせて，初めて完成された絵になります。どんなに美しい絵が描かれたピースでも，それらをばらばらに組み合わせたのでは，絵になりません。

ひとつの学級をつくるには，優れた技をいくら組み合わせても，そこに，一貫性や統一性がなければ，学級や子どもに力をつけることはできないのです。学んだことが蓄積されて，自分に統一性や一貫性ができてきたとき，それまで，苦労続きだった学級づくりが俄然楽しく，そして俄然おもしろくなってきました。

時間をかけて，自身の統一性や一貫性を養うことが大切だと思いますが，一方で，それでは間に合わないという思いもあります。今は新採用だろうとベテランだろうと，すぐに成果が求められます。試行錯誤している暇は，私たちには与えられない時代になりました。まだ若いから，学級づくりが多少下手でも仕方ない，なんて，世間は思ってくれないのです。

何かを身につけるときは，断片的に学ぶよりも「よりどころ」を決めて，そこに軸足を置いて，さまざまなことを学んだ方が上達が早いのです。枝葉を集めて幹を育てるのではなく，幹をしっかりと決めて枝葉を増やすのです。

そこで私は，学級づくりの「よりどころ」となるものをつくりたいと思いました。学級づくりは，多様な要素が絡む複雑な作業です。それだけに，典

型を示すことは避けられ，分かち合うことが難しいものとされています。

よって，学級づくりのあり方が正面から検討されることは少なかったのではないでしょうか。

本書では，私の実践を通して，ひとつの学級づくりのあり方を示しました。若い先生方には，本書の学級づくりの考え方や方法を参考にして，これを超えるようなオリジナリティーあふれる実践を創出していただければと思います。また，ベテランの先生方には，本書を基に，ご自身の学級づくりと比較し，検討していただき，そして，ご批判いただいて，さらに優れた実践を世に出していただければと思っています。

第1章ではこれからの学級づくりに必要な考え方を示しました。第2章では学級のあるべき姿を育てていくコツを示しました。第3章では学級で問題が起こったときの対応のコツを示しました（ここでは，事例がいくつか登場しますが，子どもの名前はすべて仮名にして，文脈を変えない程度に脚色を加えています）。これまでは，学級を育てることとトラブル対応は別々に論じられて示される傾向にあったと思います。しかし，トラブル対応は学級育成の重要なパーツであり，欠かせないものです。育成とトラブル対応に一貫性をもたせるようにして示しました。また，さらに，あとがきでは「学級づくりチェックリスト」と称して，本書を基に10の観点を示しました。ご自身の学級づくりを振り返る参考としていただければと思います。

なんだかんだ言っても，学校において子どもに影響力を発揮できるのは教師です。その力を子どものためにより効果的に発揮できるように本書を活用していただければと思います。

2008年3月　赤坂真二

もくじ

『教師のチカラ』シリーズ　発刊によせて ………………… 3
まえがき …………………………………………………… 5

第1章　学級づくりに「予防」と「治療」を……………… 11

第1節　学級づくりには予防と治療が必要 ……………… 12
　1　期待せず諦めず ………………………………… 12
　2　学級崩壊からのメッセージ …………………… 13
　3　子どもと学級がズレている …………………… 14
　4　教室の「新しい荒れ」 ………………………… 15
　5　日常化する学級崩壊 …………………………… 16
　6　2本の腕「予防」と「治療」 ………………… 18
　7　本書をきっかけに ……………………………… 21

第2章　学級づくり「予防編」 …………………………… 23

第1節　学級づくりにはコツがある ……………………… 24
　1　ひとりひとりの居場所 ………………………… 24
　2　心の居場所とは ………………………………… 25
　3　子どもの願い …………………………………… 26
　4　ひとりひとりを尊重するために ……………… 26
　5　教室での具体化にあたって …………………… 28

第2節　コミュニケーションのルールをつくる ………… 32
　1　輪になろう ……………………………………… 33
　2　交代で話そう …………………………………… 35
　3　肯定的な感情を出そう ………………………… 36
　4　思いついたらどんどん言おう・人の話を最後まで聞こう … 38
　5　聞いていることを態度で示そう ……………… 40
　6　相手の気持ちを考えて言おう ………………… 43
　7　人を責めない・罰しないやり方を考えよう … 46
　8　ふわふわ言葉・チクチク言葉 ………………… 48

7

第3節　「つながり」づくり ……………………………… 54

1　先生とつながる－「○○先生」から「ぼくの先生・私の先生」へ－ … 56

 1　誕生日を祝う ………………………………… 57
 2　こわい話 ……………………………………… 59
 3　お守り ………………………………………… 62
 4　教師のキャラクター化作戦 ………………… 63
 5　ジュンビちゃん ……………………………… 65
 6　アイコンタクト ……………………………… 67

2　子ども同士がつながる－「クラスメート」から「仲間」へ－ ……… 68

 1　最初の課題 …………………………………… 69
 2　いい気分・感謝・ほめ言葉 ………………… 70
 3　前回の解決策の振り返り …………………… 71
 4　議題の提案 …………………………………… 72
 5　解決策を出す ………………………………… 74
 6　解決策を検討する …………………………… 75
 7　決定する ……………………………………… 76
 8　子どもが運営する …………………………… 77

3　「クラス」とつながる－学級のキャラクター化－ ……………… 83

 1　教師の願いを語る …………………………… 84
 2　全員の意見でつくる ………………………… 85
 3　キャラクターを決める ……………………… 87
 4　やたらとキャラクター ……………………… 88

第4節　「充実感」づくり ……………………………… 89

 1　自由設立制係活動「会社システム」 ……… 89
 2　「全員」が「夢中」になるイベント ……… 96

第3章　学級づくり「治療編」……………………………… 105

第1節　問題解決のコツ …………………………………… 106

 1　トラブルと学級づくり ……………………………… 106
 2　教室に集うさまざまな「個性」……………………… 107
 3　「新しい荒れ」のなかの子どもたち ………………… 109
 4　気になる行動をするようになるまで ……………… 110
 5　気になる行動と「注目」……………………………… 110
 6　叱っても注意しても繰り返される問題行動 ……… 111
 7　気になる行動をするまでのステップ ……………… 112
 8　気になる行動が繰り返される場合 ………………… 113
 9　問題行動にかかわればかかわるほど学級は荒れる？ …… 114
 10　「原因探し」をやめよう …………………………… 117
 11　トラブル対応のポイント ………………………… 118

第2節　トラブル対応の実際 ……………………………… 120

 1　ルールが守られないとき ………………………… 120
  1　症状 ………………………………………………… 120
  2　読書をしない目的 ………………………………… 120
  3　「行為の結果」を予測させ，体験させる ………… 121

 2　高学年女子のトラブル …………………………… 125
  1　症状 ………………………………………………… 125
  2　高学年女子特有の行動の目的 …………………… 125
  3　見方を変える ……………………………………… 127
  4　ニーズを受け止める ……………………………… 128
  5　固まる圧力を体験させる ………………………… 129

3 キレる …………………………………………… 132
1 症状 ……………………………………… 132
2 キレる目的 ……………………………… 132
3 注目を断つ ……………………………… 133
4 落ち着いたら話を聞く ………………… 134
5 怒りを助長しない学級へ ……………… 135

4 反抗する・茶化す ……………………………… 137
1 症状 ……………………………………… 137
2 彼らの目的 ……………………………… 137
3 不適切な言動に注目せず ……………… 139
4 適切な言動に注目する ………………… 140
5 注意，叱責以外の言葉がけを増やす … 141
6 感情を伝える …………………………… 142

5 乱暴な言葉 ……………………………………… 143
1 症状 ……………………………………… 143
2 乱暴な言葉の目的 ……………………… 143
3 適切な行動のレパートリーを増やす … 144
4 正の注目を与えない …………………… 145
5 適切な行動に注目する ………………… 145

6 いじめ …………………………………………… 147
1 症状 ……………………………………… 147
2 「いじめ」の目的 ……………………… 147
3 居場所を奪う …………………………… 148
4 現場を「えぐり出す」 ………………… 151

あとがきにかえて　学級づくりを振り返る ………… 153

第1章

学級づくりに「予防」と「治療」を

第1節
学級づくりには予防と治療が必要

1 期待せず諦めず

　学級が崩壊する時代になりました。
　学級とは、そもそも教育の場であり、子どもにとって安全であり、安心できる場所であったはずです。学級の問題は学級崩壊だけではありません。いじめ、不登校、暴力などの従来からの問題に加え、保護者の異常に高い期待や要求、ネット上の嫌がらせなどの新しい問題もどんどん起こってきています。
　こうした問題に対し、さまざまな「連携」の必要性が叫ばれています。近いところでは、学年の教師や学校の生徒指導部、管理職、保護者や地域。外部では専門機関や大学などなど。それらとの連携を私は一切否定しません。いや、むしろ積極的に連携するべきだと思います。子どもはできるだけ多くの人々がかかわって育てるべきだと思っています。しかし、その一方で、連携の前にするべきことがまだまだあると考えています。連携と同時進行でもいいのです。子どもとの「最前線」に立つ学級担任がやるべきこと、できることがまだあるのではないでしょうか。
　皆さんご存知のように、学級づくりはたいへんな仕事です。でも、そのたいへんさが「やりがい」なのではないでしょうか。若いときには、たいへんさに潰されそうになることもありました。でも、子どもや保護者と心がつながるとき、「やっててよかった」と思います。なんだかんだと言われる現場ですが、こちらが「本気」でやればきっと応えてくれるのが子どもであり、保護者なのだと思っています。私たちが本気になれば、必ず問題を克服できると思います。
　とはいえ、最近の学級が置かれている状況は極めて厳しくなるばかりです。やれどもやれども成果が見えないということもあるでしょう。そんなときに

へこたれてしまいそうになります。よくGIVE＆TAKEと言われます。与えることで見返りがあれば，与える側のやる気も高まることでしょう。しかし最初からTAKEを期待するとつらくなるだけです。学級づくりはとことんGIVE，GIVEで，そして，さらにGIVEぐらいの精神で向かい合いたいものです。

　期待もせず，しかしあきらめもせずコツコツつくっていくのが学級です。そこまで腹をくくれたら，他では得難いTAKEがもたらされるように思います。「学級集団を育てることができるのは教師だけ！」

　まず，そのことを確認してから本書を始めたいと思います。

2　学級崩壊からのメッセージ

　学級そのものの問題と言えば学級崩壊です。この学級崩壊をキーワードにして，これからの学級づくりの基本的な態度を考えてみたいと思います。

　皆さんは，学級崩壊という言葉を聞いたとき，どのような「反応」をされますか。うちの学級は「大丈夫」だからと安心していますか。「ひょっとするとそうなるかも」と心配していますか。それに近い状態で「どうしよう」と困っていますか。今まさに崩壊状態で「もう，駄目だ」とあきらめそうになっていますか。いずれの方にとっても学級崩壊は心地よい言葉ではなく，そんな現象とは一刻も早く無縁になりたいのではないでしょうか。

　しかし，学級崩壊を忌み嫌う前にその意味を考えてみませんか。世の中に起こる物事には何らかの意味があると思っています。必然性と言ってもいいかもしれませんね。テレビや携帯電話のように人が意図して生み出したものもあれば，環境問題のように人が意図せずに生み出してしまったものもあります。でも，そこにはすべて意味があります。前者は人の願いの追求という意味を背景に開発されたものであり，後者は人の活動の結果という意味を背負っています。突然始まったような学級崩壊ですが，さまざまな必然の積み重ねで起こっていると考えられます。社会現象と言ってもいい学級崩壊にも，何らかの意味があり，そこからメッセージを読み取ることができるでしょう。

3　子どもと学級がズレている

　学級崩壊が指摘される前も学級には「荒れ」がありました。しかし，学級が「崩壊」と呼ばれるところまで荒れなかったわけです。学級全体が荒れ，学級として機能しなくなってしまうということは，学級という枠組みそのものが子どもの実態とズレてしまっていると言っていいのではないでしょうか。

　ズレはしばしば問題として噴出します。校内暴力や不登校は，ズレから起こる問題の代表格ではないでしょうか。近年では「中１ギャップ」もそのひとつとして挙げられるでしょう。「中１ギャップ」とは，中学に入学するといじめや不登校が激増する現象です。小学校と中学校の違い，つまり，ズレに子どもが対応できなくなっていることの現れだと言われています。

　問題の根本がズレであるならば，そのズレを直せば，これらの現象は治まります。学級崩壊に話を戻すと，ズレを直すには学級を変えるべきでしょうか，子どもを変えるべきでしょうか，みなさんはどう思われますか。

　私の答えは，両方です。

　教育という営みは子どもを「変える」ことです。学級づくりや授業を通して子どもをよりよい姿に変えていくことが学校教育です。ですから，子どものそのままの姿を認めて学級だけを変えることには賛成できません。学級崩壊が指摘され始めたころ，学級というシステムや枠組みに問題があると言われ，学級を解体せよとの主張がなされました。しかし，現在も学級は存在し続けています。出来上がっているシステムを簡単には変えられないということもあるかもしれません。

　しかし，学校週５日制や２学期制などが実施されたように，誰かが本気になれば，変わらないと思ったシステムも変わり得るのです。それでも学級がなくならないのは，学級にはなくしてしまうには惜しい良さがあるということです。多くの人が学級の存在意義を認めているからでしょう。子どもが学級で学ぶべきことはまだまだありそうです。学級のあり方と子どものあり方の折り合いをつけて，子どもの成長につなげていくことが必要なのです。

それでは，今の子どもにあった学級をつくり，その学級のなかで子どもを育てることができるのは誰でしょうか。もうお気づきですよね。そう，他ならぬ教師です。学級崩壊を克服するために最も力をもっているのが，私たち教師なのです。

　改めて言うまでもなく，学級づくりをきちんとやれば学級崩壊は起きるわけがありません。「学級崩壊に備えること」と「学級づくり」は表裏一体です。学級崩壊に備えることで，子どもを知り教室で起こるさまざまな問題に対応する方法を考えることができるとともに，学級をまとめ高める方法も考えることができます。学級崩壊に無関心になったり，それを恐れたりせず，学級崩壊から今私たちがやるべきことを学び，学級崩壊にきっちりと「さようなら」と言ってやろうではありませんか。

4　教室の「新しい荒れ」

　ある教室で起こったことです。
　その学校では朝学習の時間に読書をすることになっていました。読書の時間が終了しました。でも本が大好きな4年生の剛君（仮名）は，いつまでも読書をやめようとしませんでした。周囲の子どもはやめるように声をかけたのですが，彼はいっこうにやめる気配はありません。
　それで業を煮やしたひとりの子どもが，本を取り上げようと彼の本に手をかけようとしたそのとき，剛君は突然暴れだし，近くにあったゴミ箱を踏みつけて粉々にしてしまいました。担任が駆けつけると，興奮して涙ぐむ剛君と剛君をおびえたような目で見つめる周囲の子どもたちがいました。好きなことを中断された不満を表す行動としては，いささか激しいように思われますが，いかがでしょうか。
　教室の荒れた状況が報告されるようになって久しくなりましたが，平成に入って，その荒れの質が変わってきたようです。教育研究者の犬塚文雄氏は「新しい荒れ」として，次の5つの特徴を指摘しています（犬塚文雄編『社会性と

個性を育てる毎日の生徒指導』図書文化)。

> ① いわゆる"普通の子"のいきなり型
> ② 衝動的突発型
> ③ 凶悪性
> ④ グループの影響を受けやすい
> ⑤ 自己爆発する

　それまであまり問題が見い出されなかった子どもが,ある日突然問題を起こします。そして,それは,理由がよくわからなかったり,「それくらいでどうして?」と周囲が思うくらい,理由と結果にギャップのある行動に出るのです。

　確かに私の知る範囲でも,学級や担任が替わったことによって,それまでは「ちょっと気になる」程度だった子どもが,学級経営を揺るがすほどの問題行動をするようになったケースがあります。また,そうした問題行動の引き金としてクラスメートなどの周囲の強い影響があると思われます。

　平成に入ってこのような新しい荒れが指摘されるようになりました。では,平成の荒れは教育問題を語る上では避けられない学級崩壊と,どのようなかかわりがあるのでしょうか。

5　日常化する学級崩壊

　1990年代後半から報告されるようになった学級崩壊。子どもたちが席を離れる,私語をする,そしてそれを制止しようとする教師の指導に従わず,授業が成立しない状況が継続する……そんな学級の姿が指摘されました。

　しかし近ごろは,あれだけマスコミを騒がした学級崩壊が,まったく報道されなくなりました。それは沈静化したということでしょうか。だとしたらとても嬉しい状況ですが,どうもそうではないようです。あるマスコミ関係の方とお話しさせていただきました。その方は,教育をテーマに取材を続け

ている方です。こんなことを言っていました。

「学級崩壊を取材したいが、人権問題が絡み、カメラが現場に入りにくくなった」とのこと。それもそうです。学級崩壊がこれだけ認知されると、もし、その取材のためにマスコミが来たなんて知れたら、地域の方や保護者の方はどう思うでしょうか。普通に判断したら取材はお断りするのが当然でしょう。取材されなくなったこと自体は、それはそれでいいと思います。しかし、学級崩壊が減少したわけではないのです。

ある県の調べでは、「児童が勝手な行動をし、授業が成立しない状態が2～3週間以上続いた状態」が、平成11年度は2パーセント程度だったのが、平成17年度には11パーセントを越えたといいます。これはある地域の特別な現象なのでしょうか。

私は縁があってあちこちで講演をさせていただいていますが、各地で聞こえてくるのは先生方の悲痛な叫びです。学級を何とかしたい、でもどうにもならない、という苦しい状況を思うと胸が痛みます。崩壊までいかなくても、たいへんな状況は全国どこにでもあるようです。

立正大学の松原達哉氏は「学級が崩壊するきっかけをつくるのは一部の子どもかもしれないが、今の子どもの多くが、学級崩壊に加担する可能性を持っているといえる」と言います(松原達哉「学級崩壊の定義と実態を知る」『教職研修11月増刊号　「学級崩壊」指導の手引き』教育開発研究所)。

かつては、学級に「正義の味方」がいました。学級で、誰かが何かおかしなことをすると、「ちょっと待った」とストップをかける者がひとりやふたりはいたものです。しかし近年では、そうした者はまったくと言っていいほど見かけなくなりました。悪ふざけをする者がいると、ストップをかけるどころか、それに乗じて騒ぎを大きくする傾向が見られます。また、「おかしいな」と思っても黙っているのです。

犬塚氏、松原氏らの指摘から言えるのは、学級崩壊のきっかけになる子どもが今や教室にたくさんいて、いつ学級が崩壊してもおかしくない状況にあ

るということです。つまり，学級崩壊が日常化し，その危険性はどこの学級にもあるということでしょう。

　15ページに挙げた学級の子どもたちが掃除をしていたときのことです。私は，そこの清掃担当だったので様子を見に行きました。すると，「先生，また剛君が暴れています」と興奮して報告に来ました。近づくと，数人の子どもの輪の中心に，顔を真っ赤にして涙を流しながら怒りをあらわにしている剛君がいました。清掃班は10人近くいましたが，女子はぐるりと囲んで彼に注目し，そして男子は彼にパンチしたりキックしたりしようとしていたのです。

　私から見ると，それは暴れる彼を止めるというよりも集団で彼に暴力を振るっているようにも見えました。何度となくその清掃班は彼を中心に大立ち回りを演じていましたが，何回目かにあることに気付きました。

　たしかに剛君には至らぬところがありますが，それを周囲の子どもがとてもきつい口調で指摘するのです。彼はそれに反応して興奮するのです。さらに，どう言ったら彼が興奮するかを知っていて，その台詞をちゃんと言うのです。

　それは見事なくらい完璧なシナリオに見えました。彼の激しい行動には，クラスメートの影響があることは明らかでした。剛君を中心にした混乱は，やがて授業の成立をも揺るがすようになっていったとのことです。

　程度の差はあれ，こうした姿は全国あちこちで見られるのではないでしょうか。

6　2本の腕「予防」と「治療」

　学級崩壊が日常化したということは，自分の学級がいつ何時そうなってもおかしくないということです。また，自分の学校でいつそうした学級が発生してもおかしくないということです。そうした危機意識をもつことが必要です。その危機意識に基づき，これからの学級づくりは次のふたつのことを明確に意識して行うことが必要です。

> ①「予防」的アプローチ
>   問題行動をしない子ども，崩壊しない学級を育てること。子どもや学級のあるべき姿を示し，そこに向かって教育すること。
> ②「治療」的アプローチ
>   日々起こる子どもの問題や学級生活のトラブルに対処すること。問題が起こったとき，子ども個人や学級を通常の状態に戻すこと。

　まだ今ほど学級が荒れていないころは，荒れることを想定しなくてもよかったのです。ましてや学級が崩壊することなどはまったく考慮しなくてよかったのです。たまに問題が起こることもあるでしょう。しかし，それはそれで繰り返す日常のアクセントになって，学級生活を活性化する機能もありました。「予防的」アプローチ，つまり理想に向かって教育活動を積み重ねていくことによって子どもや学級が育ちました。または日々の教育活動をこなすだけでも，ちゃんと1年なり2年なり学級が運営できました。

　しかし，さまざまな問題が頻発する現在，荒れることを想定し，「予防」と「治療」の両輪でやっていかないと学級経営が成り立たなくなってきました。それこそ1年間，「治療」で終わってしまったり，「未治療」のまま問題を次年度に持ち越してしまうこともあるのです。また，壊れた学級を担任する場合は，まず，「治療」から始めねばなりません。「治療」ができないとスタートすら迎えることができないのです。

　私がかつて担任した学級（6年生）では，初対面の日に私が教室に入っても私語がやみませんでした。ほとんどの子どもが好き勝手におしゃべりをしていました。席に着いている子どももいましたが，なかには机の下にもぐったり，後ろで車座になったりして私を無視するように話している子どももいるのです。また，欠席の連絡が入っていないにもかかわらず，空いている席が3つ。廊下が騒がしいのでひょいとそちらを見ると，男子3名が追いかけっこをしていました。私の最初の仕事は，自己紹介ではなく，その3名を捕ま

えて席に着かせることでした。そして全員が教室にそろったところで，私語をやめさせることから学級づくりが始まりました。

　このような学級では，まず「話を聞く」という「正常な状態」にする「治療」から始めねばなりません。話を聞かせられなければ授業などできたものではありません。これからの学級づくりにおいて「治療」の腕は極めて大切です。

　たまに起こる，しかも根の浅い問題なら多少指導がまずくても学級づくりに大きな影響はなかったのです。しかし，現在の学級で起こる問題は，多様で頻繁で集団の教育力の低下による構造的な問題です。根が深いのです。子ども集団に教育力があれば小さな問題は自然治癒するし，大きな問題でもそんなに深刻なものにはなりません。しかし，子ども集団の教育力が低下している状態で問題が起こると，小さな問題は大きく，大きな問題は甚大になる傾向があります。だから，「治療」を誤ると「学級崩壊」の引き金を引いてしまいかねません。

　しかしです。いくら「治療」が大事だと言っても，それは「予防」をきっちりやった上での話です。「予防」なき学級づくりは糸の切れた凧，コンパスなしで密林を歩くようなものです。子どもたちを路頭に迷わすことでしょう。多様な生き方が認められる一方で，個人個人の生き方が迷走する可能性のある世の中だからこそ，教師が確たる理想像を持たないと，刹那的な学級づくりになってしまいます。

　しかもこれから先，「○○教育」といった新しい主張がドンドン教室に入ってきます。今以上にあれもこれもやらねばならなくなってきます。そんなときに，ひとりひとりの教師が予防プランをもっていないとあれこれ惑わされることになります。教師の惑いは教室の混乱を招きます。

　「予防」を行う上でうまくいかないところ，こぼれ落ちる部分が必ず出てきます。そのときに「治療」を行うのです。学級崩壊と背中合わせの時代の学級づくりは，「予防」と「治療」ができる確かな腕が求められます。子どもたちにあるべき姿を示し，導きながら，それでも起こるであろう問題を適切に

解決して学級づくりをしていくのです。

7 本書をきっかけに

　しかし，これまでの学級づくりはどちらからかというと，こうすべしという原則が示されることがあまりなかったように思います。学級づくりは，とても多様な要因から構成されていて，他者に伝えづらい部分だったと思います。

　同僚や先輩に相談しても，有効なアドバイスがなかなかもらえずに，途方に暮れる若い先生たちが後を絶ちません。そのアドバイスが役に立たないと言っているのではありません。ひとつひとつはとても優れた方法なのです。しかし，相談者にとってはちょっとハードルが高いのです。「その人だからできる」ことを「あなたもやりなさい」と言われたって，できるものではありません。どんなに優れた方法もできないならば役に立ちません。

　そこで本書では，学級づくりの「予防」と「治療」のふたつの観点から，それぞれの「コツ」を示しました。原則と言ってもいいかもしれません。そして原則と同時に，それを踏まえた「方法」も示しました。方法論の部分は，こういう方法もあるといった提案です。もちろん机上の空論ではなく，実践を踏まえた提案です。

　本書は単なる学級づくりのマニュアルではありません。この通りやればうまくいくというものではないのです。いや，学級づくりにおいて，この通りにやればうまくいくなんて安易なものがあるでしょうか。私はそんなものは信じません。

　本書は学級づくりのきっかけです。しかし，その提案を自分なりに咀嚼し，そのきっかけから自分らしいオリジナリティーあふれる実践をつくろうとするのであれば，必ずうまくいくことでしょう。読み進めながら，一緒によりよい学級づくりについて考えていただければと思います。

第2章

学級づくり「予防編」

第1節 学級づくりにはコツがある

　学級づくりと一言で言っても，それはとても複雑な仕事です。やるべきことが非常にたくさんあるのは皆さんご存知の通りです。とても重要であるにもかかわらず，なかなか多くの教師がそのノウハウを「分かち合えない」ものです。「漢字の指導はこうやるんだよ」と教えることはできても，「学級づくりはこうすればいいんだよ」と簡単には教えられないのです。何をどれだけやれば，よい学級がつくれるのかはっきりしていないのが学級づくりなのです。しかし，それでも学級づくりには原則があるのです。「ここのところをはずしてはならない」というコツが学級づくりにもあるのです。

1　ひとりひとりの居場所

　学級づくりのコツは？　と聞かれたら，迷わず答えます。それは，

> 子どもひとりひとりの居場所を確保すること。

　みなさんは新しい職場に異動したとき，なんとなく「居心地の悪さ」や「所在なさ」を感じたことはありませんか。それは，そこにあなたの居場所がまだできていないからです。私たちは生まれてこの方，家族，地域，学校，職場など，集団の中に自分の居場所をつくってもらったり，つくったりすることを繰り返して生活しています。居場所とは私たちのあり方そのものであり，私たちの心の安定と深くかかわっていると思います。子どもだけでなく，人は居場所を求める存在であると言っていいのではないでしょうか。

　居場所には2種類あります。まず座席，空間などの物理的な居場所。もうひとつは，人間関係などの精神的な居場所です。教室においては，子どもには座席が与えられますから物理的な居場所は用意されています。ですから，

学級づくりにおいては，精神の置きどころ，つまり心の居場所がとても大切です。

　新しい学級がスタートするとき，子どもはたったひとりで集団の中に置かれます。持ち上がりの学級で担任も替わらない場合は，ある程度の居場所は確保されているかもしれません。しかし，今，小学校では持ち上がりがどんどん減っていると聞きます。また，子どもの人間関係を結ぶ力の低下が指摘されていますから，友達との結びつきはそんなに強固ではなく，安定したものではありません。学級に何人か友達がいるからといって，それは，いないよりもいいという程度で，安心できるものではないのです。

　人は居場所がないときには不安感を感じます。自分を守ることで精一杯ですから，積極的な言動や建設的な言動ができません。しかし，居場所ができてくると安心しますから，認めてもらおうと積極的に行動したり，誰かの役に立とうとしたりします。学級でも同じことです。子どもは自分の居場所が確保されれば，友達とよりかかわろうとしたり，学級のために役立つ行動をしようという気持ちになります。関心が内側から外側に向いてくるのです。子どもの居場所を確保することにより，子どもの積極的で建設的なエネルギーを引き出すことができるわけです。

　学級づくりは，子どもひとりひとりの心の居場所づくりであると言っても過言ではありません。

2　心の居場所とは

　人が心の居場所だと実感するときはどんなときでしょうか。
　それは対象に対する願い（欲求）が満たされるときだと思います。私たち教師も新しい職場に異動したときに，すぐに居場所を見い出せませんよね。そこで自分を理解してくれる仲間ができたり，やろうと思う仕事ができたり，それがうまくいったりしたときに，所属した実感をもつのではないでしょうか。子どもだって教室に座席が用意されているからといって，そこに居場所

があるわけではないのです。学級に対する思いや願いが実現されたとき，そこが居場所だと感じるのです。

　居場所のある学級は自分の願いを満たしてくれるわけですから，子どもは学級に愛着を感じます。人は好きなものには積極的にかかわろうとするし，できるだけ，そこで役に立とうとしますよね。だから学級を好きになると，子どものやる気が高まったり，学級のために建設的に行動したりするようになります。学級においてひとりひとりの居場所を確保すると，学級が活性化し，まとまってくるのです。

3　子どもの願い

　それでは，子どもの学級に対する思いや願いとは何でしょうか。

　もちろん，ひとつではなくさまざまなものがあるでしょう。しかし，あえて「これだ」と言うならば，それは，

> 尊重されたい

ということです。

　子どもだけでなく，大人も大切にされたいと思っていることでしょう。特に物の豊かなこの時代の子どもたちは，物質的な欠乏感より精神的な欠乏感に敏感です。つまり，自分の扱われ方に大きな関心を寄せています。子どもたちは，ほぼ例外なく大切にされたいと思っています。

4　ひとりひとりを尊重するために

　大切にされたいという思いを満たすためには，教師が子どもを大切にすればいいというものではありません。子どもが大切にされていると実感することが必要です。

　では，大切にされている実感を持たせるためには学級はどんな場所でなければならないのでしょうか。

次の条件が必要だと考えます。

> ①　安全・安心であること。
> ②　認められていること。
> ③　自分の力が発揮できること。

　いじめや嫌がらせなどの侵害行為を受けていては，大切にされている実感が持てるはずがありません。傷つくことは誰もが嫌です。また，不審者や学校で起こる悲しい事件のことが子どもの耳に多く入ると，子どもも無条件で学校を「楽しいところ」だとか「安全なところ」だとは思ってくれません。傷つけられるのでは？　いじめられるのでは？　と不安を抱きながら登校している子どもも少なくありません。だからまず「安全・安心であること」が第一の条件です。

　次に「認められていること」です。子どもたちは，良くも悪くも，友人との関係を非常に気にしています。その質はどうであれ，友達が多いことがステータスだと思い込んでいる子どももいます。子どもの価値観や行動の決定に友人たちの影響力は無視できないほど大きいのです。友達にすごいと言われたり，感心されたりしたいのです。先ほど申し上げた通り，現代の子どもたちは物は持っています。満たされているから，自分の好きなものやこだわりのあるもの以外にはあまり大きな関心を払っていません。そんな子どもたちが大きな関心を寄せているのが，他者の自分への関心です。物の豊かな時代だからこそ，お金では手に入れられない，他者からの関心に大きな注目が集まっています。

　最後は「自分の力が発揮できること」です。人は優しくされたり認められるだけでは，そこに居場所を感じません。ちょっと想像してみてください。あなたの職場の人はいい人で，あなたを傷つけたり馬鹿にしたりしません。さらに話しかけてもくれるし，何でも教えてくれるし，たいへんなときは手伝ってもくれます。

しかし，それだけであなたは居心地のよさを感じることができますか。恐らく敏感な人は1か月ももたないと思います。だんだんと「自分は必要とされいていないのでは？」と不安になることでしょう。人は受け入れられるだけでは，居場所を見出せないのです。自分の能力を発揮し，その集団に積極的に関わったり，貢献したりして，「ここにいたい」とか「ここにいていいのだ」と思えるのではないでしょうか。

5　教室での具体化にあたって

　ひとりひとりを尊重するための3つの条件を，教室で具体化するためには，どうしたらいいのでしょうか？　次の3つの場を設定します。

> ①　コミュニケーションのルールをつくる場。
> ②　つながり合い・認め合いの場。
> ③　学級集団で楽しさや充実感を味わえる活動の場。

　①〜③については，後ほど（第2章，第3章で）具体的実践を交えて詳細を述べます。そちらをご覧ください。
　ところで，この3つの場を指導する際，教師に求められる態度があると思っています。本書を読んで，文字を追い，その通りやればよいというほどに教師の仕事は単純ではありません。ちょっとしたことだけど，実はとてつもなく大切なことが教師と子どもの間には存在します。たとえば，教師の表情や語調などです。同じような言葉でも言い方一つで，伝わり方が違うことは皆さんご存知でしょう。
　そうした教師の態度も実践にはものすごく大切なのです。
　では，どんな教師の態度が必要なのでしょうか。それは次のものだと思います。

> 頑固さと明るさとあたたかさ。

学級に新たな働きかけをするわけですから，容易に妥協しない「頑固さ」が必要なことはご理解いただけるでしょう。たとえば「人の話を最後まで聞く」ということを指導したとします。もし，他の子どもの発言を遮って話す子どもがいたときに，それを許したり見過ごしたりしたら，誰もそのルールを守らなくなります。頑固なまでの毅然とした態度が必要です。

　「頑固さ」なんて書くと，厳しく冷たいイメージをもたれるかもしれませんが，厳しく冷たい教師には今の子どもはついてきません。明るいトーンの指導が必要です。子どもに真剣に語り聞かせることはとても大事なことですが，それだけではどんなに正しいことを言っても，子どもは堅苦しさや息苦しさを感じてしまいます。いや，教師の言っていることが正論であればあるほど，子どもはつらくなってしまうかもしれません。

　だから明るいトーンで指導することが大事です。ときにはお笑いを交えたり，キャラクターグッズを用いたりして，子どもが笑顔になれるような仕掛けをしていくことがとても大事です。特にルールなどの指導では，それを守るとどのような良いことがあるのかを考えさせたり，体験させたりして，重苦しい指導にならないようにすることが有効です。

　「頑固さ」と「明るさ」は，さまざまな書籍にも主張されていることです。それに加え，私が今いちばん重視しているのが「あたたかさ」です。

　このごろ，子どもと接していて感じるのは，「あたたかさ」を求める子どもが多いことです。低・中学年の子どもはもちろん，高学年でも身体をピッタリ寄せてくっついてくる子どもがいます。スキンシップを求めてきます。身体的接触だけではありません。少し関係ができてくると止めどもなく話しかけてきたり，ときには駄々をこねてみたりして，親に求めるような愛情を求めているようにも感じます。「甘えたい」という強い願いを感じます。

　だから，子どもへの働きかけに「ぬくもり」や「体温」があるかどうかが重要になってきます。私の出会った授業の名人と呼ばれる人，学級づくりの達人と呼ばれる人たちは，例外なく「あたたかかった」です。器の大きさが

なせるのか、ひと言ひと言に「体温」を感じました。

　それでは「あたたかい」ということはどういうことでしょうか。人によって捉え方はさまざまでしょうが、私は、

> どんなに失敗をしても見捨てない態度

だと思います。子どもにとっては、見捨てられることがいちばんつらいことではないでしょうか。この人は、失敗をしても最後まで自分のことを見てくれるという思いが安心感を抱かせることでしょう。

　「冷たさ」と「あたたかさ」の間に境界線を引くとしたら、この態度があるかどうかがひとつのポイントになることでしょう。あたたかい指導には、多少厳しくても子どもたちはついてきます。頑固な指導は、明るさやあたたかさとセットになって初めて有効に機能することでしょう。

　しかし、この「態度」は、文字では最も伝わりにくい部分です。文字だけ見つめて理解しようとすると誤解をしてしまうことがあります。下のイラストをご覧ください。

　左の人物と右の人物の台詞を声を出して読んでみてください。おそらく左の人物は、厳しく単調な口調で読まれたことでしょう。それに対して右の人物は、明るく抑揚のある口調で読まれたのではありませんか。「早く来い！」と文字だけ読むと、乱暴で冷たい態度を想像してしまいます。

第2章 学級づくり「予防編」

　よく実践書の指示の部分に,「教科書の〇〇ページを読みなさい」と書いてあります。「〜なさい」という言葉に,命令や強制のニュアンスを感じてしまう場合もあります。しかし,実際に教室では穏やかな表情で,優しい口調で言っているのかもしれません。先のイラストのように,態度や表情でずいぶん伝わり方が変わってきます。
　本書の実践部分を読むときには,ただ文字だけを読み取るのではなく,その文脈から表情や声のトーン,身振り手振りのようなものも感じ取りながら読んでいただきたいと思います。

第2節
コミュニケーションのルールをつくる

　「まとまりのある学級」とよく言いますが，まとまりのない学級にはなくて，まとまりのある学級にあるものとは何でしょうか。

　そのひとつが「ルール」です。

　まとまりのある学級ほどルールがあり，よく守られています。ルールという言葉は，強制や堅苦しさなどのイメージと結びついて，あまりよい印象をもたれない方もいるかもしれませんが，学級にはルールが必要です。では，どんなルールが必要でしょうか。

　それは，

> 人間関係のルール

です。子どもが学級で感じるストレスのほとんどは人間関係です。学級で起こるトラブルのほとんども人間関係です。だから人間関係のルールをつくり，それを共有させることが必要です。

　人間関係のルールと言ってもさまざまなものがあるでしょう。ここで提案したいのは，コミュニケーションのルールづくりです。学級で起こるトラブルは，その多くがコミュニケーションの歪みに起因することです。子ども同士が円滑なコミュニケーションができるようになれば，トラブルの数はぐっと減ります。そして，トラブルの規模や深刻さも小さくなるでしょう。良好な人間関係を積み重ねることができます。

　それでは，どのようなコミュニケーションルールが必要なのでしょうか。

　それは，次のルールです。

> 子どもの「対等性」を保障するルール。

子どもの世界は，放っておけば弱肉強食になります。発言力の強い者が言い分を通し，弱い者がそれにつき従うようになります。そのような状態の学級は一見，平和です。強弱がはっきりしているからトラブルが起きません。しかし，実は弱者にとんでもない我慢を強いることになります。発言できない子どもたちの我慢によって支えられているかりそめの平和です。そういう状態で子どもたちは何を学ぶのでしょうか。

　おそらく発言力の強い子どもは，人付き合いのコツは「力による支配」だと学ぶでしょう。発言力の弱い子どもは「人の言いなりになること」だと学ぶでしょう。いずれにせよ，健全な集団の構成員としての感覚は育ちません。やがてその学びは社会の構成員としての感覚になります。

　それはとんでもないことです。では，どのようにしてお互いの「対等性」を保障したらよいのでしょうか。

　それは対等にコミュニケーションさせることです。対等なコミュニケーションを通して，お互いの「対等性」を学ばせます。お互いが対等な存在だとわかると，子どもはお互いを尊重し始めます。対等なコミュニケーションを保障することで，お互いを大切にする集団の基礎ができていくわけです。

　それでは，学級づくりに役立つコミュニケーションルールとその指導の実際を紹介します。

1　輪になろう

　物事を決めるときに，ルールのないクラスは一部の子どもだけで決めています。一部の元気のいい子どもが意見を言って，「じゃあ，それで決まりね」と決めてしまいます。他の子どもがその決定に無関心ならばトラブルになりませんが，まずそういうことはありません。たいていの場合，「○○ちゃんたちが勝手に決めた」と不満そうに訴えてきます。

　そこで，グループ活動をするときに輪になるように指示をします。たとえば体育の時間にリレーをするとします。

これから，チームごとに走る順番を決めます。チームで集まったら，輪になって腰を下ろしましょう。

と指示をします。課題は何でもいいのです。グループで話し合いをするときに「輪になるよう」指示をします。話し合いが終わったところで，次のように話します。

話し合いのときは輪になるようにします。こうするとお互いの顔が見えて，みんなで話し合えるでしょう。輪になるとお互いを大切にできるのです。

最初は集まるたびにこの指示をします。しかし慣れてくると，やがて言わなくても輪になるグループが出てきます。そのグループをすかさずほめます。

このグループは，お互いを大切にしていますね。

ここで注意したいことがあります。

「輪になりましょう」と言っても，子どもたちはすぐには輪になれません。楕円になったり一部が重なっていたりする歪んだ輪をつくることがあります。「きれいな一重円」になるようにします。輪が歪んでいると，遊ぶ子どもが出たり，輪から誰かが外れていても，誰も声をかけないような状態が生まれます。それでは円滑なコミュニケーションがとれません。教師は，全部のグループがきれいな一重円になっていることを確認してから，話し合いを始めさせます。

低学年の場合は，「輪になろうゲーム」と称して，輪になるだけの練習をしてもいいでしょう。

これはとても些細なことですが，円滑なコミュニケーションをとる上では極めて重要なことです。

2 交代で話そう

このルールは，「1 輪になろう」と合わせて指導します。

子どもたちの話し合いを見ていると，一部の仕切り屋さんたちが一方的にしゃべって，それ以外の子どもは聞いている場面をよく見かけます。それでは発言力の差を助長してしまいます。発言力の差はお互いの力の差です。力の差があってもいいのです。しかし，発言の機会は可能な限り均等にします。

輪になったら，次の指示をします。

> 発言は順番にします。意見のない人は「パスします」，考えているなら「考え中です」，あとで言うつもりなら「あとで言います」などのことを言いましょう。

こうすると，誰もが最低一回は話します。つまり，話し合いに参加する機会が保障されるわけです。反対意見や賛成意見を交わし合う場合には，発言の多い少ないが出てしまうのは仕方ないことです。しかし，まったく発言しないのは問題です。

とはいうものの，学級には本当に発言が苦手な子どももいます。発言しなければならない場面で涙ぐんでしまう子どももいます。そういう子どもには，「パスします」と言うのも立派な発言であることを伝えます。時間はかかりますが，まず「パスします」と集団の前で言えることを目標に指導します。それができれば，発言するまでにそう時間はかからないことでしょう。

私のクラスに大勢の前での発言が苦手な子どもがいました。発言の場面になると涙ぐんでしまうのです。それでこの活動をして，まず「パスします」と言うように話しました。パスをする子どもは他にもいたので言いやすかっ

ようで，最初は蚊の鳴くような声で「パスします」と言っていました。「『パスします』も，立派な発言だよ。堂々と言ってごらん」と言い続けると，だんだん大きな声で言えるようになってきました。それもほめました。パスであっても大勢の前で話すという経験を積んだため自信をつけ，他の場面でも指名されれば涙ぐまずに発言するようになりました。

ある日，その子は日記の中で自分の成長を振り返りました。そこに「私は，前は発言ができなかったけど，今は『パスします』なら大きな声で言えるようになりました」と書かれていました。

発言することに強い抵抗感を抱える子には，こうした方法で小さな自信を積み重ねることも有効ではないでしょうか。

3 肯定的な感情を出そう

これはルールというより「雰囲気づくり」です。しかし「雰囲気づくり」だからといって甘く見ることなかれ。実際に指導すると，いかにこれが大事か気づきます。

荒れたクラスやルールが不徹底なクラスほど，「○○して嬉しかった」とか「○○で楽しかった」などの肯定的な感情を，集団の前で表出することを嫌います。ただでさえ，こうした内容は人前で言いにくいものです。コミュニケーションルールの不徹底なクラスでは，こうした発言は馬鹿にされたり，茶化されたりする格好の対象です。普通の感覚をもった子どもなら，まず言いたくありません。肯定的な感情が自然に出せるようになると学級の雰囲気がずいぶん好転します。

多くの学級では，帰りの会などで「いいこと発見」や「今日のヒーロー」などと題して，友達のよい行いを発表し合っていることと思います。それは，人とのつながりをつくる上でとてもよいことだと思います。しかし，そのほとんどが「○○さんが，××していました」などの「行為」を紹介して終わっているのではないでしょうか。学級の雰囲気をつくるには，「感情」を出さ

せることです。そこで，次のようなコーナーをつくります。

> いい気分・感謝・ほめ言葉。

「いい気分」とは，嬉しかったり，楽しかったりしてよい気分を味わったときのことを紹介します。「いい気分」ですから，発表内容は，「今日，○○さんが××してくれて嬉しかったです」のようになります。「感謝」は誰かに感謝したくなったことで，内容は「今日，○○さんに××してもらって感謝しています」となります。「ほめ言葉」は誰かをほめたくなったことです。内容は「今日，○○さんが××していてすごいなと思いました」となります。

このようにすると，子どもの感情が出されるようになります。人間関係ができていないときは，「昨日，新しいゲームを買ってもらって嬉しかったです」のように，個人的なことを言います。しかし，それも「よかったね」などと言って受け入れます。そして回数を重ねると，人のことを言う子どもが現れます。そこをすかさずほめます。

> そういうことを言うと，言われた人も嬉しくなるね。嬉しさの輪が広がるね。

こうしてほめ続けると人のことを言う子どもが増えます。すると学級の雰囲気はグンとよくなります。この効果をさらに上げるためには，

> 全員でやる

ことです。1週間に一度で結構ですから輪になって輪番に発表します。全員でやることの効果は絶大です。もちろん言えなかったら「パス」でいいのです。しかし，言えた子どもをほめ続けることで，言える子どもは必ず増えます。ここで，もし，人の発言を茶化すような子どもがいたら毅然と注意します。ここを許してしまったら，この活動が台無しです。

> いい気持ちを分け合っているときに，今のような発言は失礼ですよ。今度は許しませんよ。

くらい言っていいのではないでしょうか。

4　思いついたらどんどん言おう・人の話を最後まで聞こう

　対等なコミュニケーションを保障するためには，子どもたちひとりひとりが自分の思いを言えることが必要です。子どもは本来，自分の気持ちを表現したいのです。発言しない子どもの多くは，過去に発言を茶化されたり，笑われたり，またそうした友達の姿を見て，発言を控えることを決意してしまった可能性があります。肯定的な感情を出せるようになって，学級が前向きな雰囲気になったところで，積極的に発言することを指導します。

> これから，できるだけたくさんのアイディアを集めたいと思います。「鉛筆の使い方」をできるだけ挙げてください。ふだん絶対にしないようなことでも構いません。とにかく，たくさん挙げます。思いついたことはドンドン言ってください。

　輪になって輪番でやるのが望ましいです。しかし，時間や場所の都合があれば席順で発言させてもいいでしょう。発言の次に聞き方について言います。

> 面白い意見やおかしな意見も出てくるかもしれませんが，最後まで人の話を聞いてください。途中で「え？」とか「それ，おかしいよ」なんて言われたら，どんな気持ちがしますか？……発言する気がしなくなりますね。

と言い，人の発言を最後まで聞くように言います。さらに，

> でも，盛り上がってくると，途中で口を挟みたくなってしまうこともあるでしょう。だから，この子に助けてもらおうと思います。

そう言って，ぬいぐるみを出します。

> この子はみんなの話し合いを助けてくれます。この子を持っている人だけが話せます。持っていない人は話してはいけません。意見を言ったら，隣の人に渡してください。

荒れた学級では，必ず「割り込み発言」が起こります。人が話しているのに平気で話し始めます。ときには，「え？」とか「できるわけないじゃん」とか，思いつきで言ってしまいます。発言に抵抗感をもつ子どもは，これをされるといっそう話す気を失います。そこで，誰が発言者かを意識させ，発言者を尊重するために，発言者に物を持たせます。ぬいぐるみでも，おもちゃのマイクでも何でもいいのです。ただ，ぬいぐるみは落としても音がしないし壊れにくいです。また，柔らかい手触りが安心感をもたらすのでお奨めです。

これで割り込み発言が減るはずですので，ちゃんと聞いていた子どもや聞いていたことをしっかりほめます。

それでも割り込み発言を繰り返す子どもには，

ぬいぐるみを持つ子ども

毅然と注意します。長いお説教は不要です。短くキッパリとです。
　このルールが定着してくると，手に持たせていた物はいらなくなります。そうしたら，

> みなさんが立派に話が聞けるようになったので，この子（ぬいぐるみ）の仕事は終わりです。きっとこの子も，みんなの成長を喜んでいるよ。

と子どもたちの成長を喜んであげてください。
　「話すこと」と「聞くこと」はセットで指導します。「聞くこと」が保障されない状態で，いくら「話すこと」を指導しても効果は上がりません。

5　聞いていることを態度で示そう

　話を聞くということは，静かにして相手の話を受け取るだけではありません。人間関係をつくる積極的な働きかけ方です。どんなに魅力的な人でも，自分の話にあまり関心を向けてくれない人と長くおつき合いしたいとは思わないでしょう。人は，自分の話を一生懸命聞いてくれる人を好きになります。教室に，お互いの話を聞き合う関係ができれば，人間関係はとても良好なものになります。
　ここでは，聞き方が人とのかかわりにおいてとても大切であるということを学びます。子どもたちに次のように指示をしておきます。

> 最近，楽しかったこと，嬉しかったこと，感動したことを友達に話せるようにしておいてください。

　学級の実態に応じて前日に言ってもいいし，直前に言っても構いません。30秒程度の話を用意しておいてもらいます。話すことが極端に苦手な子ども

には，スピーチ原稿を書かせておくとよいでしょう。2人組をつくります。

> ジャンケンをして，「話し手」と「聞き手」を決めます。話し手は考えておいた「楽しかったこと，嬉しかったこと，感動したこと」を聞き手に向かって話します。でも，聞き手の人は，一切反応してはいけません。相手を見たり，うなずいたり，返事をしたりしてはいけませんよ。

イメージできない子どももいるので，教師が代表の子どもとペアになって聞き手の実演をするといいでしょう。終わったら役割を交代します。
　次に再び役割を戻します。

> また，「話し手」は「聞き手」に同じ話をします。しかし，聞き手の人は今度は，一番よい聞き方をしてください。

すでに聞き方について指導してある学級はこのまま活動に入ります。しかし，そうでない学級は，「良い聞き方とはどんな聞き方ですか？」などと問いかけて確認しておきます。子どもから出ない場合は教師から提示します。黒板に書く，あらかじめ用意したものを貼るなどして明示します。たとえば，次のような内容です。

---
① 相手に身体を向ける。
② 相手を見る。
③ 話にうなずいたり，返事をしたりする。
④ 話の内容にあった表情をする。
---

①から③までできればかなり話の聞き方は良くなります。④は学年に応じて指導します。聞き方を確認したところで活動を始めます。先ほどのように，

役割を交代して，両方の役を体験できるようにします。終わったところで，「この学習で，思ったことや気づいたことありますか？」と問いかけます。すると次のような発言が出るでしょう。

> ・聞いてもらえないと話す気がしなくなった。
> ・ちゃんと聞いてもらえると，話がはずんだ。
> ・話を無視するのは難しい。

最後に子どもたちに話します。

> 話をちゃんと聞いてもらえると嬉しいね。でも，ただ聞いているだけでは，聞いているかどうかわからないから，聞いていることを態度で示しましょう。

この活動をした後は，話の聞き方が一時的にとてもよくなります。そのときを逃さずにほめます。

> うわ！ こんなに話をちゃんと聞いてくれて嬉しいなあ。

しかし，それでも話を聞けない子どもがいます。他の子どもをほめても改善されないようならば，その子どもに，

> ○○さん，聞いていることを態度で示してくれる？

と声をかけます。おそらく姿勢を正すと思います。そうしたらきちんと「ありがとう」と感謝の気持ちを伝えましょう。教師の肯定的な感情が子どもたちの行動を強化します。

この活動1回で，話の聞き方が良くなると思わないことです。この活動は，入り口やきっかけにすぎません。これを機会に，話の聞き方を定着させる地道な働きかけが始まると，捉えていただきたいのです。

　子どもたちのよい姿を見つけては，ていねいに声をかけていきましょう。話の聞き方はとにかく時間がかかります。しかし，子どもたちが話の聞き方を身につけたら，学級は驚くべき変化をします。「腹を据えて」指導します。

6　相手の気持ちを考えて言おう

　「席について！」「静かにしろ！」と厳しい言葉が飛び交う教室があります。その声かけの動機は，学級の秩序を保とうとしているのかもしれません。しかし，そうした声を放っておくと，そこから新しいトラブルを招いたり，そのたびに教室の雰囲気が悪くなります。感情的なもの言いや侵害的な言動は，たとえ内容が正しくとも見過ごしていいものではありません。

　ここでは，言い方に関するルールづくりをします。

　下のような場面絵を提示して言います。

けんちゃん（左）とみきちゃん（右）

> ふたりは今度のお楽しみ会の内容について話し合っています。みきちゃん（右）は、「ねえ、今度のお楽しみ会、ドッジボールがいいよね」と言いました。それを聞いたけんちゃん（左）は「ドッジボールなんてつまんないよ」と言いました。みきちゃんはどんな気持ちになりますか。2人組になって、けんちゃんとみきちゃんをやってみましょう。

ペアをつくり、「けんちゃん」と「みきちゃん」になってロールプレイングをします。終わったら交代して、どちらの役もやります。そして、再度聞きます。

「みきちゃん役をやってみて、どんな気持ちになりましたか？」

次のような意見が出るでしょう。

> ・嫌な気持ちがした。
> ・けんちゃんに腹が立った。
> ・悲しくなった。

そこで、

> けんちゃんはドッジボールがあんまり好きではなかったんですね。だから、みきちゃんの意見に反対しました。でも、みきちゃんを嫌な気持ちにしてしまいました。みきちゃんを嫌な気持ちにしないで、自分の気持ちを伝えるには、けんちゃんはどう言えばよかったのでしょうか。

意見を募ります。

第2章　学級づくり「予防編」

> ・ドッジボールもいいけど，サッカーがいいな。
> ・ドッジボールはあまり好きじゃないから，別なのがいいな。
> ・怒らないで優しく言う。

　意見が出尽くしたところで，相手の気持ちに配慮した言い方をまとめます。黒板に書くなどして明示します。

> ① 相手の意見を決めつけない。
> ② 自分の意見の理由を言う。
> ③ 穏やかに言う。

　①は自分とは違うからと言って相手の意見を「駄目だ」とか「おかしい」とか決めつけない。②は理由をはっきり言うことで，相手は安心したり納得したりする。③は感情的に言えば，伝えたいこともうまく伝わらない。このようなことを補足しながら提示します。次に，再びペアになり，人の気持ちを考えた言い方のロールプレイングをします。

> それでは，今，学習したことを生かして，けんちゃんになって，みきちゃんが嫌な気持ちにならないように自分の気持ちを伝えてみましょう。

　ここで，いきなりロールプレイングに入ることはしません。

> 実際にやってみる前に，頭の中でやってみましょう－(間)－目を閉じてください－(間)－。頭の中でやってみたら目を開けてください。

　間をとりながらゆっくり進めます。イメージすることで，取り組みやすく

します。全員が目を開けたらロールプレイングを始めます。

終わったら役割を交代します。

ロールプレイング終了後，代表して何組かにやってもらいます。さらにうまくできたグループを指名して演じさせます。うまくできたペアの演技を見ることで，うまく行かなかったペアもどうすれば良かったかがわかります。

最後に子どもたちに言います。

> 自分の気持ちを伝えることは大切なことですね。でも，伝え方を間違えると，人を嫌な気持ちにしてしまいます。人の気持ちを考えながら，自分の気持ちを伝えるようにしましょう。

7　人を責めない・罰しないやり方を考えよう

子どもたちは自分がそうされるからでしょうか，間違ったことやいけないことを止めるときに「攻撃」してしまうことがあります。しかし，人を責めても解決にはなりません。

人を責めたり，罰したりしても物事は解決しないことを学びます。下のような場面を提示し投げかけます。

朝学習のときの様子

第2章 学級づくり「予防編」

　朝学習のときに，たつやくんとみきさんがおしゃべりをしていました。それに対して，3人の人が注意しました。「さわいでいいと思ってるの？」「何考えてんだ？」「うるさいから出て行け」と言いました。
　続けて，次のように聞きます。

> たつやくんとみきさんが，最初にしたくなることはどんなことでしょう。

　多くの子どもが，「文句を言いたくなる」「言い返したくなる」「泣きたくなる」と答えるでしょう。理由を聞きます。

> ・腹が立つから。
> ・3人に責められて悲しくなるから。

　一方で，「おしゃべりをやめる」と答える子どももいます。やはり理由を聞きます。

> ・責められるのが嫌だから。
> ・けんかしたくないから。

　子どもたちに十分に意見を言わせるようにします。
　「言い返したくなる」と判断する子どもは，学年が上がるほど増えます。しかし，「おしゃべりをやめる」と考える子どもも何割かはいます。
　そこで，聞きます。

> このような場面で，たつやくんとみきさんが気分よく，進んでおしゃべりをやめると思う人，手を挙げてください。……それでは，そう思わない人，手を挙げてください。

圧倒的に後者に挙手する子どもが多いはずです。
さらに，聞きます。

> みなさんは，気持ちよく進んで行動したいですか？　それとも，無理矢理，行動させられたいですか？

全員が，「気持ちよく進んで」に手を挙げるでしょう。
そして，最後に言います。

> 「さわいでいいと思っているの？」「何考えてんだ？」このような言い方は「責める言い方」です。また，「うるさいから出て行け！」というのは「罰を与える」やり方です。いま手を挙げてもらったように，責めたり罰を与えたりするやり方では，気持ちよく，良い行動をする気になりません。人に声をかけるときに責めないやり方，罰を与えないやり方を考えてほしいです。

8　ふわふわ言葉・チクチク言葉

　子どもの「死ね」「うざい」「キモい」のような侵害的な言動が気になりませんか。自分が言われたらおそらくとても傷つくであろうという言葉を，あいさつ代わりにしているようなところがあります。テレビや子どもたちの読む雑誌などには，人を傷つける言葉があふれ，そうした言葉を知らず知らずに獲得しているような状況です。言葉遣いの指導をしておかないと，遅かれ早かれ傷つく子どもが出てきます。お互いを認め合い，あたたかくかかわり合う学級をつくるために言葉の指導はとても大切です。
　子どもたちに優しい言葉遣いをさせたいと願うときに真っ先にやっておき

たい働きかけです。準備はほとんどいりません。また，1年間の長い取り組みのきっかけにすることができます。できるだけ早い時期に実践することをお勧めします。私は，1年の最初の道徳の授業でこれを行います。

まず，模造紙1枚程度の大きさの紙に次のような枠を描き，それを黒板に貼って言います。

模造紙に描いた枠

> 人に言われると傷ついたり，元気をなくしたりする言葉があるでしょう。そういう言葉を挙げてください。

発言をさせる前に少し補足をします。

> 全員に発表してもらいますが，口に出すだけで嫌だという言葉もあるでしょう。そういう言葉は言わなくていいですよ。言っても大丈夫なものにしてくださいね。

真剣に考える子どもは，とても嫌な言葉を発表してしまい，言ってしまってから後悔することもあります。だから，このようにひと言付け加えます。

| ・しね | ・バカ | ・うざい | ・消えろ |
| ・意味不明 | ・だめじゃん | ・無理!! | |

　意見を「青ペン」で，用紙の「雲形」の外に書き込んでいきます。授業をしていても，顔をしかめたくなるような言葉が多様に並びます。「まだ，言いたい」という子どもを制して読ませます。

> これから，これを全員で読みますが，読みたくない言葉はどうぞ読まないでくださいね。

　これも，先ほどと同じ配慮です。授業だからといって，がんばって読んで，傷ついてしまいかねません。読ませた後に感想を聞きます。

> ・元気がなくなった。
> ・やる気がなくなった。
> ・悲しくなってきた。

などのことを言うでしょう。
　一通り感想を聞いてから進めます。

> こういう言葉を「チクチク言葉」といいます。反対に，人に言われると嬉しくなったり，元気が出てくる言葉があるでしょう。そういう言葉を「ふわふわ言葉」と言います。今度は「ふわふわ言葉」を挙げてみてください。

　ひとりにひとつ発表させましょう。子どもの意見を，今度は「雲形」の中に「赤ペン」で書き入れていきます。

- 頭いいね　　　・おはよう　　　・ありがとう
- 一緒に遊ぼう　・いいよ　　　　・絵うまいね

発言が終わったところで読ませます。そして感想を聞きます。

- 元気が出てきた。
- 嬉しくなってきた。
- 気分が良くなった。

最後にこう話します。間をとりながら、ゆっくりと問いかけてください。

> みなさん、「チクチク言葉」が増えたら、このクラスはどうなりますか？

子どもたちは、「嫌だ」「悲しくなる」「学校に来たくなくなる」などと言います。

> それでは、「ふわふわ言葉」が増えたら、このクラスはどうなりますか？

子どもたちは「楽しくなる」「みんな仲良くなる」などと言います。そこで、

> 楽しいクラス、仲のいいクラスをつくるために、まず「ふわふわ言葉」を人に言うことから始めませんか。

と言って授業をしめくくります。多くの子どもがうなずくはずです。

この働きかけは実践後が大事です。せっかく働きかけをしても、教師が子どもたちの言葉遣いに無関心では、侵害的な言動が増えてしまいます。実践

後も，深い関心をもって子どもの言葉遣いを見守る必要があります。

働きかけが終わると，次に示す図のような用紙が出来上がります。

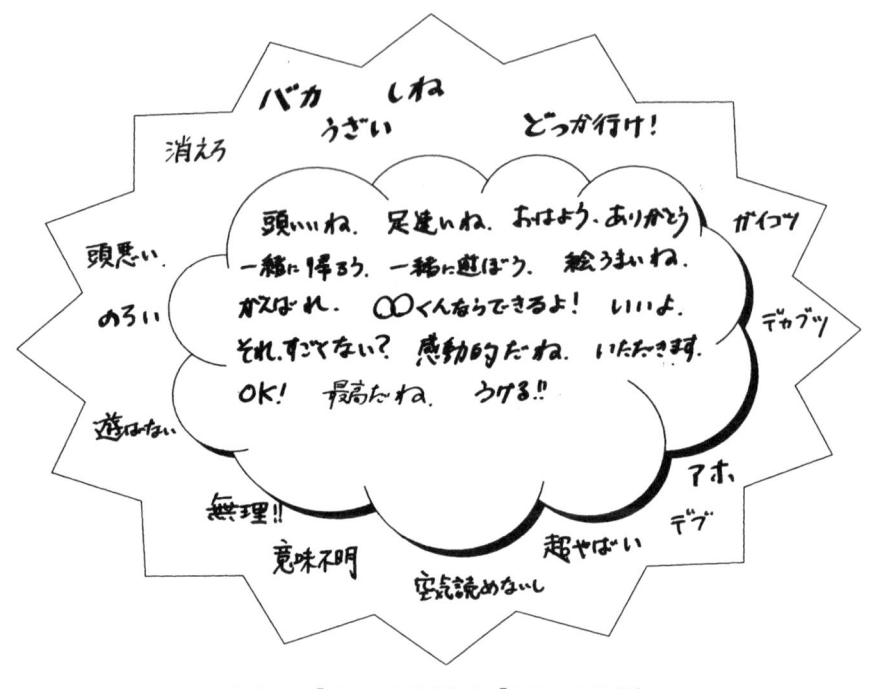

```
        バカ    しね
  消えろ   うざい      どっか行け！

頭悪い    ┌─────────────────────┐   ガイツ
         │ 頭いいね．足速いね．おはよう．ありがとう │
 のろい   │ 一緒に帰ろう．一緒に遊ぼう．絵うまいね． │   デブッ
         │ がんばれ．○○くんならできるよ！ いいよ．│
         │ それ，すごくない？ 感動的だね．いただきます． │
         │ OK！ 最高だね． うける!!      │
 遊ばない └─────────────────────┘
                                     アホ．
        無理!!                        デブ
            意味不明   超やばい
                  空気読めないし
```

完成した「チクチク言葉」と「ふわふわ言葉」

この「雲形」の周りを切り取って，「雲形」だけを教室に掲示します。チクチク言葉を教室に掲示しておくことは，学習環境として望ましいものではありませんから廃棄します。

そして，学級生活で聞かれた「ふわふわ言葉」をどんどん書き入れていきます。子どもたちの会話を聞いていて望ましい言葉がけがあったら，「それってふわふわ言葉だね」などとフィードバックします。

雲形がいっぱいになったら，また新しい用紙を用意します。やがて教室は，「ふわふわ言葉」でいっぱいになることでしょう。

第2章 学級づくり「予防編」

チクチク君　　　　　　　　　　ふわふわ君

　これは「チクチク君」と「ふわふわ君」です。
　ある日，全校朝会で「ふわふわ言葉」「チクチク言葉」のお話をさせていただくことになりました。4月の朝会だったので，入学したばかりの1年生もいます。彼らを前に，お話だけでは注目してもらえないだろうと思ったので，キャラクター化することにしました。「チクチク君」のモチーフとしては，すぐにフグの「ハリセンボン」が思いつきました。あのトゲトゲした姿が「チクチク君」にぴったりでした。しかし，「ふわふわ君」が思いつきません。片方が生き物だからこちらも生き物にしたいと思ったのですが，ふわふわした生き物が思いつきません。考え込んで腕組みをして何気なく見た視線の先には，白いセーター。うん，これだ！白いセーターから羊をイメージしました。「ふわふわ君」のモチーフが決まりました。全校朝会当日の朝，早めに出勤しました。子どもたちが登校する前に描き上げたいと思いました。朝一番の子どもが登校する5分前に2枚のイラストは完成しました。
　朝会では，「チクチク言葉を聞くと心が痛むでしょ。きっと『チクチク君』が心を刺しているのかもね」と言ってイラストを出すと，低学年の子どもたちが「わあ！」と，まず反応しました。「ふわふわ言葉を聞くと心があたたかくなるでしょ。こんな『ふわふわ君』が心をあたためるのかもね」と言ってイラストを出すと，今度は「かわいい！」という声。
　ほんの思いつきですが，子どもたちには好評でした。

第3節
「つながり」づくり

　学級を集団としてまとめるには，子どもたち同士が「つながっている感覚」をもたせることです。「つながっている感覚」とは，対象に対して「関心をもっている」，対象から「関心をもたれている」という実感を抱く状態です。

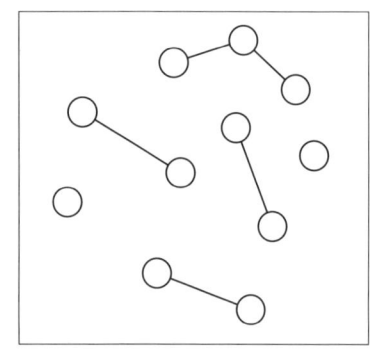

つながりの少ない状態 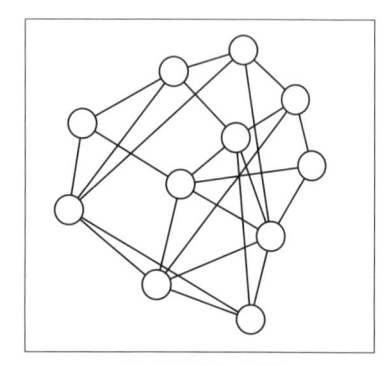　　　　つながりの多い状態

　学級ができたばかりは，左の図のように個が点在し，つながり，つまり関心の向け合いがわずかです。学級づくりとはこのつながりを増やして，右の図のような状態にすることです。

　「うちのクラスはけんかばっかりしています。けんかもつながりだと思いますが，いいのでしょうか？」と疑問をもつ方もいるでしょう。

　けんかには，相手の注目を引くためのものや相手をやり込めようとするものがあります。それらはつながりのように見えますが，それは相手との接触を自分の欲求を満たすために使っているのです。接触があるだけで，関心は自分へ向けられているのです。

　からかいは，それを手段にして注目されたいという欲求を満たしています。攻撃する場合も攻撃によって自分の要求を通したり，他者より上に立ちたい

と思うわけですから，関心の対象は自分です。ここで言う他者への関心とは他者の良さを積極的に認めたり，他者に貢献したり，協力したいと思うことです。

　つながりの多い学級では他者と共存しようと思うので，言動が建設的，積極的になります。そして多少のトラブルが起こっても協力して解決しようとします。

　また，お互いが網のようにつながっていますから，教師が見落としているような状態や情報もすぐに教師の知るところとなり，解決の手が早期に打たれます。陰湿ないじめは極めて起こりにくくなります。

　学級におけるつながりとは主に次の3つです。

> ①　教師とのつながり。
> ②　子ども同士のつながり。
> ③　学級とのつながり。

　ここでは，教師，子ども，そして学級をつなげるための具体的方法を示します。

　ところで「子どもたちのつながりが変わってきたのでは？」と思うことがあります。皆さんは感じませんか。

　学級のスタート時につながりが少ないことは，このご時世ですからあり得ることです。しかし，気になるのは，つながりを積極的に断ち切っている子どもが多くなってきたことです。1年生なら保育園や幼稚園で，その他なら前の学年で，友達関係につまずいて「友達なんかいらない」と関係づくりに背を向けている感覚の子どもがいます。ゼロからのスタートならば関係づくりにそんなに時間はかかりませんが，マイナスからのスタートの場合，人に対する不信感を払拭するのにかなり時間がかかります。これからの学級づくりでは，そうした子どももいることをわかった上で，心して関係づくりをしていくことが肝要でしょう。

1　先生とつながる−「○○先生」から「ぼくの先生・私の先生」へ−

　学級づくりの基本中の基本は，子どもとつながることです。私が出会った「達人」と呼ばれる教師たちは，授業の腕が抜群であることもそうですが，とても子どもを引きつけるのが上手でした。
　この学級づくりが難しい時代に，教師は授業の他に，学級の雰囲気づくりや友人関係の調整など，学級のあらゆる面にかかわっていく必要があります。それをうまくやるためには，

> 子どもとの関係づくり

を積極的にやっていく必要があります。
　子どもとつながるには，次の3つが大切でしょう。

> ①　子どもが好きであること。
> ②　子どもの良い面に注目すること。
> ③　「あたたかい」こと。

　これは，おそらく今も昔も変わらないことだと思います。
　しかし，今だからこそ力を入れてやらなければならないことがあります。それは，

> それを伝えること。

　「あなたが好きなんだ」という気持ち，「あなたは，こんなに素敵なんだ」「あなたには，こんなにすごい力があるんだ」という見方，「あなたの居場所はここですよ」というぬくもりをことあるごとに伝えていくことです。
　「先生だから」信頼される，好きになってくれると思わない方がいいです。信頼されるため，好きになってもらうためには，それなりの努力をしなけれ

ばならないのです。

　私は若いころに，達人たちの授業を片っ端から追試しました。授業実践に関する書籍を買い漁り，良いと思うものはじゃんじゃん追試していきました。しかし，ほとんど失敗しました。書いてある通りの発問をし，指示をしてもうまくいきませんでした。もちろん子どもの鍛え方，それまで蓄積された子どもの学力が違ったことは言うまでもありません。達人たちはその授業をするまでに，子どもを日々鍛え上げていたわけですから，当然，子どもの反応も優れているわけです。そして，私の技量も圧倒的に足りなかったのです。発問をそのまま言っても，発問するときの語調，間，そして視線，目つき，あらゆることが未熟だったわけです。

　しかし，それ以上に足りなかったものがあります。わかりますか。

　子どもとの信頼関係です。つながりです。子どもとしっかりとつながっていれば，多少まずい発問でも子どもたちは一生懸命考えてくれます。稚拙な授業展開でも子どもはがんばって取り組みます。それが子どもとつながるようになってからわかりました。どんなに優れた実践も，子どもとの人間関係ができていなかったら機能しないのです。

　子どもが「ぼくの先生・私の先生」と感じるきっかけとして有効であったネタを紹介します。皆さんもあの手この手で関係づくりのネタをつくってみてはいかがですか。

1　誕生日を祝う

　子どもたちは，誕生日を祝ってもらうことをとても喜びます。

　私のクラスには，発泡スチロールと紙粘土で作ったバースデーケーキ（直径約40㎝）があります。子どもの誕生日にはケーキの上のろうそくに火を灯し，カーテンを閉め，私がギターを弾いて，みんなで「お誕生日おめでとう」を歌います。2回繰り返して歌います。歌い終わるときに誕生日を迎える子がろうそくを吹き消し，みんなで拍手を送ります。

子どもたちは，この日を心待ちにしています。誕生日が近づくと，恥ずかしがり屋の子でも「先生，あと3日で誕生日だよ」と教えてくれたり，「先生，ぼくの誕生日，歌ってくれる？」と聞いてきたりします。

土日や長期休業中に誕生日を迎える子どもには，休みに入る前に歌うのがいいでしょう。

発泡スチロールのバースデーケーキ

発泡スチロールのバースデーケーキ

作り方

① ホームセンターなどで，板状の発泡スチロールを購入する。
② 発泡スチロールカッターで円形に切る。
③ それを4～5枚重ねて，接着剤で貼る。
　（接着剤は発泡スチロール用か水性のものにする。製品によっては，ガスが発生することもあるので要注意。）
④ 紙粘土を「いちご型」と「クリーム型」にする。
⑤ 「いちご型」を赤の絵の具で塗り，サインペンで「種」を描く。
⑥ レースでケーキの周りを飾る。

2 こわい話

　ある保護者から聞いた話です。その方は初めて教師との飲み会に参加したそうです。何かのおりにその話になり、「○○先生もお酒飲むんだなあって、ビックリしたんですよ」とその飲み会の感想を話してくれました。

　私はその感想にビックリしました。○○先生はたしかに真面目な印象の先生ですが、笑いもするし、冗談も言います。「お酒を飲むのも当たり前でしょう！」と突っ込みたくなりました。

　「でも、待てよ」と思いました。私たち教師は子どもや保護者の前で、ほんの一面しか見せていないことが多いのではと思います。やはり子どもや保護者を引きつけるには、人間らしい面を見せる必要があろうかと思います。

　生活指導の話ばかりの先生、学習の話ばかりの先生は、子どもにとって近寄りがたい雰囲気をまとってしまいます。私の小学校の担任の先生は「こわい話」と、ご自分の「子ども」の話をよくしてくれました。勉強以外の話をしてくれる先生にとても親近感を覚えました。先生に「教師」だけでなくて「人」を感じる時間でした。

　それで私も子どもたちに「こわい話」をしています。

　子どもたちはこわい話が大好きです。授業がちょっと早く終わると「こわい話コール」が起こります。また、見学に行くバスの中でもずっと「こわい話」をしていたこともあります。おかげでバス酔いしやすい子どもたちが、まったく酔わなかったこともありました。

　こわい話が苦手な子どももいるので、初めてやるときは、冗談ぽいのから始めるといいでしょう。慣れてきたら本格的なものにするといいと思います。こわい話の本はこのごろは書店にずらりと並んでいるので、教室に数冊、常備するといいでしょう。

　子どもたちにウケた話を紹介します。

　この話は「だじゃれ」がオチですので、初めて「こわい話」をするときにお奨めです。

青い血

　先生の子どものころの話。4年生のある日，ひとりの男の子が転入して来た。いつも青白い顔をしている子で，休み時間に誰とも遊ばないので気になっていた。それでも日がたつにつれて，少しは話をするようになった。

　転校してきて2か月くらいたったあるとき，その子が「誕生日のお祝いをするから家に来てくれないか」と誘ってきた。話をすると言っても家に行くほどの仲ではない。

　でも担任の先生が「みんな仲良く」と言っていたので，かわいそうだと思って「行く」と返事をした。あとでわかったのだが，誘われたのは私だけだった。

　誕生日当日，放課後，プレゼントを持って彼の家を訪ねた。町外れにある大きなお屋敷が彼の家だった。

呼び鈴を押すと，彼のお母さんらしき人が出迎えてくれた。お母さんの顔も青白かった。奥に入ると，彼，彼のおじいちゃん，おばあちゃん，お姉ちゃん，妹，そして大きな犬が一匹いた。お父さんは仕事中らしかった。みんな青白い顔でびっくりした。

　テーブルの上には，豪華な料理が並んでいた。食べきれないほどの量だ。食事が始まった。料理はどれもおいしかった。でも，ハッピーバースデーの歌も家族からのプレゼントもない。

　私は慌ててプレゼントを渡した。今，クラスで流行っているキャラクターのノートだ。彼は，中身をチラリと見ると，ちょっと嬉しそうに笑って「ありがとう」と小さな声で言った。

　食事が始まってしばらくすると，奥の台所らしきところから，彼のお母さんがスープを運んできた。私はそれを見て，また，びっくり。スープも真っ青だった。おいしい料理の数々だったが，さすがにそれは食べる気がしなかった。

　しかし先ほどまで，表情ひとつ変えずに，料理を食べていた彼がスープを一口すすって言った。

「あーおいちぃ！」

あーおいちぃ，あおいち，青い血の話でした。おしまい。

3 お守り

　子どもが何かをがんばるとき（たとえば全校の前で発表するとか全校集会で司会をするとか），不安を感じているとき（たとえば，学力テストやマラソン大会など），そんなときに担任お手製の「お守り」を渡します。

　不安を感じるときに，勇気の出るグッズをもらうことはとても嬉しいようです。マラソン大会のときにはこんなふうにしました。

> みなさん，いよいよマラソン大会ですね。今日までがんばって練習してきた成果を，ぜひ発揮してください。ここまであれだけ練習したのですから，きっと大丈夫ですよ。

と，チラリと子どもたちの表情を見ます。すると，不安そうな表情をしている子を発見。「とはいうものの心配ですか？」と聞くと，「心配……」と答える子どもたち。そこで，

> よし，それではそんなみんなのために「お守り」を作ってきました。これをポケットに入れて走れば，きっといい記録が出ます。記録が出なくてもベストを尽くすことができます！がんばってね。

　お守りを見せると，「やった」と歓声が上がり，渡すと大事そうにポケットにしまいました。

　走り終わってから，「先生，お守りのおかげで助かったよ」「途中で苦しくなったけど，お守りを握りしめたら楽になったんだよ」と報告に来

子どもに渡したお守り

てくれた子どもたちがいました。

　お守りは，名刺サイズの用紙に印刷してラミネート加工しました。

4　教師のキャラクター化作戦

　個性重視の時代ですが，教師もこの波に乗りましょう。

　子どもたちの持ち物を見てみてください。実にいろいろなキャラクターグッズを持っています。子どもたちはキャラクターが大好き。いえいえ，大の大人だって，実にいろいろなキャラクターグッズを持っているではありませんか。広い意味ではブランド品もキャラクターグッズでしょう。日本人はキャラクター好き民族なのです。

　これを子どもとの関係づくりに生かさない手はありません。

＜作戦１＞　キャラを立てる

　個性化すると言ってもいいでしょう。「際立つ個性」を印象づければいいのです。どなたでも特技ひとつくらいお持ちかと思います。それを子どもに披露すればいいのです。体操が得意，こわい話が得意，歌が得意，ギターが得意，イラストが得意，何でもいいのです。先生の得意技は，それがすなわち，先生の個性として子どもに認識されます。「ぼくたちの先生は，○○がうまい」そう思ってくれたらこっちのものです。子どもとの距離がぐんと近くなります。

　「いやいや特技なんてありません」とおっしゃる方でも心配することはありません。個性を際立たせるもっとシンプルな方法があります。それは好き嫌いをはっきりさせることです。ただし中途半端は駄目です。「強烈に好きなもの」や「猛烈に嫌いなもの」を明らかにします。それならできるでしょう？

　私の場合は「プリンが三度の飯より好き」ということにしてあります。給食でプリンが出るたびに大騒ぎです。私のプリンを隠してみたり，逆に「先生にプリンをあげる」と言う子がいたりして。好き嫌いをはっきりと表明するだけで子どもとの話のきっかけができるのです。

＜作戦２＞　やたらと自画像

　これは，イラストが好きな方にお奨めです。

　自画像を描きます。あとはあちこちに描きます。もう「やたらと」です。

　右のものは，「オリジナルバージョン」です。学級通信はもちろん休んだ子どもへの連絡カードや連絡帳，学級の掲示物。「隙あらば」描きます。時間のないときは「簡略形」にして描きます。動物バージョンや他のものとドッキングしてアレンジします。

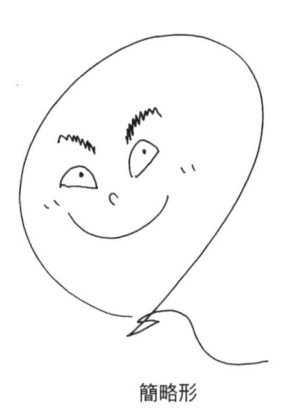

オリジナルバージョン

簡略形　　　ゴリラバージョン　　　叫びバージョン

　飽きられがちな「花まる」ですがここにも似顔絵を入れてしまいます。価値が上がります。子どもたちに出す年賀状にも干支とのドッキングで，ちょとした年始のプレゼント。

　低・中学年の子どもなら「ノートに描いて」「下敷きに描いて」，ときには「掌に描いて」とねだってきます。

　高学年だって「先生もよくやるね」と言いながらも，微笑ましく見てくれますよ。やがて保護者が描き出したら，この作戦はほぼ完了です。キャラが定着した証拠ですから。

花まるバージョン　　　　　いのしし年バージョン

5　ジュンビちゃん

　学習習慣や生活習慣などの「しつけ」をするときにほめたり叱ったりします。たまにはこんな方法で「しつけ」をすると担任の愛が伝わるのではないでしょうか。「次の学習準備ができる学級にしたい」そんなとき。
　授業が始まるとすぐに言います。

> 学習の準備ができている人，起立。君たちは先生が何も言わないのに，ちゃんと次の学習の準備ができていましたね。ちゃんとできた印を渡します。その印とは学習準備キャラクターの「ジュンビちゃん」です。

　子どもたちにこのイラストをカードにしたり，シールソフトでシールにしたりして渡します。低・中学年なら大喜びで受け取ります。高学年でもそれなりに喜んでくれます。
　次の時間，ほぼ全員が学習準備をしています。しかし，ここでは「ジュンビちゃん」を渡しません。何事もなかったかのように，授業を始めます。

ジュンビちゃん

子どもたちは，たまらず「先生，ジュンビちゃんは？」と聞くかもしれません。そうしたら，申し訳なさそうに，こう言います。

> ジュンビちゃんは気まぐれでたまにしか来ないんだよねえ。

しかし，また，2日後くらいに「おめでとう！　今日はジュンビちゃんが来た」と言って渡します。いつ来るかわからないので，子どもたちはいつの間にか学習準備をしています。

でも，いつまでもこのカード1枚で喜ぶほど子どもは甘くはありません。

やがて「え，またこれ？」みたいな顔をしたり，言ったりするかもしれません。

そのときが次のアイテムを出すチャンスです。

> 実はね，ジュンビちゃんには仲間がいるのです。ほら，今日は，赤いジュンビちゃん，「アカジュンビちゃん」だ。

子どもたちの歓声が上がることはいうまでもありません。

ジュンビちゃんは5種類あります。他にアオジュンビ，キジュンビ，モモジュンビで，「5ジュンビちゃん」なのです。

| アカジュンビ | アオジュンビ | モモジュンビ | キジュンビ |

教師が楽しいキャラクターをせっせと用意すれば，子どもたちは「先生はぼくたちのことを好きなんだ」と思うでしょう。どうですか？　皆さんもオリジナルキャラクターで，愛を子どもに伝えてみませんか。

6　アイコンタクト

　子どもとの関係づくりにおいて，とてもシンプルですが，とても強力な方法です。

　かつて私の学級にとても反抗的で，先生方の手をやかせる子がいました。最初は，私にも不信感に満ちた目を向けていました。しかし，やがて彼は，私には笑顔で話したり素直に話を聞いてくれるようになりました。

　私が彼にしたことは何だったのか？　彼との関係が近くなる劇的なエピソードはありません。私が彼にしたことと言えば，

> 目が合ったら笑うこと

です。

　もちろん，彼をほめたり認めたりする言葉がけをしました。しかし，それは特別に彼に多く言ったわけでもないし，特別な言葉をかけたわけではありません。他の子どもと同じようにしました。

　でも彼と目が合うとほんの一瞬ですが，にこりとしました。「目尻」や「唇の端」がわずかに動く程度です。それでも彼は担任してから数か月後に「あの先生は信用できる」と母親に言ったそうです。

　彼との距離が近づいた要因は他にもあるとは思いますが，この「アイコンタクト」が大きな要因のひとつだったことは間違いありません。反抗的な子どもや不安を抱える子どもなど「気になる子ども」だけでなく，できれば全員の子どもにあたたかい視線を送りたいものです。

2　子ども同士がつながる －「クラスメート」から「仲間」へ－

　1週間に一度，学級生活で起こった問題を話し合うことで，学級がみるみるまとまっていくと言ったら信じられますか。しかもうんざりするような自分たちの問題を扱っているのに，子どもたちが生き生きと話し合うのです。子どもたちはその話し合いの時間を誇りに思い，そして学級生活に自信をもつようになります。

　この話し合い活動を始めたころは，私も半信半疑でした。しかし，これを始めると学級が「質的変貌」を遂げるのです。今まで学級生活に受け身だった子どもたちが，自ら学級のために何かをしようとするようになりました。荒れた学級の子どもたちも「来年もやってほしい」と願い，低・中学年の子どもでも「どうして1週間に一度しかないの？」と，この時間を心待ちにします。そして，私は確信しました。

> この話し合い活動が，子どもたちをつなげ，学級をまとめる。

　かつて学級会活動と呼ばれ，その実践が華やかなりしころは，子どもたちが自分たちの学級のために熱く語り合い，そしてときには涙する姿が見られました。自分の所属する集団について子どもたちが真剣に考えていたのです。その心は，しばらくは学級活動における話し合い活動に引き継がれ，話し合いが学級のルールをつくり，学級をまとめてきました。

　しかし昨今，学校5日制や特別活動の時間の削減に伴い，全国の教室から話し合い活動が消えていこうとしています。優れた教育力を持つこの活動をこのまま手放していいのでしょうか。話し合い活動が実施されなくなった理由として，次のことが指摘されます。教科書がなく指導法がわからないことや人権意識が高まるなか，子どもを自分の負の部分に向き合わせることが難しくなったことなどです。

そこで，私は伝統的な話し合い活動を現在の子どもの姿に合うようにアレンジしました。実際に私の学級で実践している方法を紹介します。なお，この方法は第2章第2節で紹介したルールを生かしながら進めます（ルールについてはそちらを参考にされながら読み進めてください）。

1 最初の課題

机を教室から出して椅子だけで輪になります。行動する前に，次のように問いかけます。

> 「すばやく」「静かに」「思いやりをもって」やるには，どうしたらいいでしょう。

子どもたちは，いろいろなことを言うでしょう。

> ・出口に近い人から順番に出る。
> ・譲り合って机を運ぶ。
> ・口を閉じて黙ってやる。

この中から良いと思うものを全員で選んで実行します。うまくできたら，力強くほめます。

> 素晴らしい協力ですね。さすが○年○組です。

うまくいかないときも励まします。

> うまくいかなかったみたいだね。でも，もう一度やってみよう。今度はうまくいくよ。

完璧でなくても先ほどよりも向上したところをほめてください。

輪になるところから協同作業が始まっています。子どもたちのルールを守ろうとする姿，協力しようとする姿を見つけて積極的にほめてください。

2　いい気分・感謝・ほめ言葉

輪になったら，「いい気分になったこと・誰かに感謝したいこと・誰かをほめたいこと」をひとりずつ順番に発表します。いきなり子どもからやらせると戸惑いますから，まずは教師が「先生から言うね」と言って始めます。こんな風に。

> 今日，先生が教室に入ったら，○○さんと△△さんが元気よくあいさつをしてくれました。先生は，とってもいい気分になりました。ふたりにとっても感謝しています。

このとき，ぬいぐるみなどを持って発言し，終わったら次の子にそれを手渡します。それを持っている人だけが話すことができます。割り込み発言を防ぐためです。言えない子には，

　パスをしていい

ことにします。「次に言えるといいね，きっとできるよ」と励まします。

議題によっては，学級の負の部分，個人の困ったことなどを扱います。まず，学級の雰囲気をほぐしておくことが大事です。この「いい気分・感謝・ほめ言葉」を交わし合うことは，緊張をやわらげる役割や前向きな雰囲気をつくる役割を担っています。

話し合いを成立させるためには，聞く態度ができていなければなりません。話の聞き方を繰り返し繰り返し指導します。あまりにひどい場合は，叱ることも必要です。しかし，話を聞いている子を見つけてほめていく方が効果が

あります。時間はかかりますが、しつこくしつこく指導します。成功と失敗の分かれ目は、

> 話の聞き方

です。聞けないところでいくら話し合っても、子ども同士つながれません。

3　前回の解決策の振り返り

　この話し合い活動ではさまざまな問題が提案され、その解決策が話し合われます。その結果、ある解決策が決定されます。その決定したことがうまくいっているかどうか、次週の話し合いで検討されます。

> 前回の解決策はうまくいっていますか？　いませんか？

と聞きます。うまくいっていれば、次の議題を話し合います。うまくいっていなければ、

> 前回の解決策を継続するか、新しい解決策を話し合うか

を決めます。新しい解決策が必要な場合は、ここで話し合います。

　従来の話し合い活動でも、解決策を出すようなことはよくなされているようです。しかし、それは私の知る限り、「決めっ放し」になっていることが多いようです。それでは問題意識が継続しません。せっかく話し合いが盛り上がっても、その後はあまり子どもの生活に影響はなかった、なんてことが起こり得ます。何度も話し合いの場にかけるから、だんだんと問題意識が共有され、子どもの生活や行動に変化が起こるのです。

　ただし、このコーナーは2回目の話し合いから設けます。初回は、振り返る解決策がないので、すぐに議題の提案に入ります。

4 議題の提案

　学級の生活上の諸問題を集めるために，議題箱を設置します。話し合い活動を始める1〜2週間前に設置して集めておくといいでしょう。議題箱のそばには，下に示すような議題提案用紙を用意し，いつでも子どもが記入できるようにしておきます。

```
ぎだいていあん用紙              月   日(   曜日)

名前

話し合いたいこと
　　　　　　　　　　　　　　　　　　　　　　　　　　
　　　　　　　　　　　　　　　　　　　　　　　　　　

議題を出した理由（なぜ、話し合いたいと思ったのですか）
　　　　　　　　　　　　　　　　　　　　　　　　　　
　　　　　　　　　　　　　　　　　　　　　　　　　　
　　　　　　　　　　　　　　　　　　　　　　　　　　
```
議題提案用紙

そして次のように投げかけます。

> お楽しみ会をしたいとか，決まりをつくりたいなど，みんなで話し合いたいことや困ったことなどがあったら，この議題提案用紙に書いて議題箱に入れてください。みんなで話し合って解決したいと思います。

　その際，議題を書くときのルールも知らせます。しっかり伝えないと「ふざけ半分」の議題などが投函されかねません。基本的に出された議題のすべてが話し合いの対象になるので，きちんとした態度で書かせたいものです。

> ① 提案者の名前を必ず書くこと。
> ② 提案理由を必ず書くこと。
> ③ 提案者以外の個人名を書かないこと。

①は提案に責任を持たせるためです。無記名を許すと無責任な提案を認めることになります。②は課題を共有させるためです。提案理由がないと、なぜ話し合うかを共通理解できません。提案者の話し合いたい理由が明らかになると、他の子どもも「それじゃあ、話し合おう」という気になります。③はトラブルにかかわる困りごとの場合、相手の個人名が示されていると、その子どもを非難したり、攻撃してしまいかねません。

たとえば、「××さん（実名）に悪口を言われて困っている」という議題が出たら、それが事実かどうかわからないのに、××さん（実名）を一瞬にして悪者にしてしまいます。だから、どうしても個人名を記入しなければならない場合は「○○君」とか「○○さん」という匿名の形で書かせます。

出された議題はすべて取り上げます。議題箱を開け（実際には事前に議題箱を開け、議題を確認しておきます）、「○月○日○○さんからの議題です」と言って読み上げます。しかし、だからといってすべてを話し合うわけではありません。解決策を出し合う前に、

> 話し合いますか？

と提案者に聞きます。議題が出されてから話し合うまでに数日空く場合があります。すると自然に解決している場合もあるからです。友達に何かひどいことをされて、感情的になって議題箱に提案したとしても、次の話し合いまでに仲直りしているかもしれません。子どもの世界にはよくあることです。ですから「提案された議題」＝「話し合う議題」ではないのです。

ところで議題には次の2種類があります。それぞれによって話し合うことが違います。

> ① 個人にかかわること。
> ② 学級にかかわること。

①は「勝手に物を借りる人がいて困る」のような個人的な問題。その提案者が今どうしたらいいか，また，次に同じようなことにあったらどうしたらいいかをみんなでアイディアを出し合います。

②は学級の決まりをつくる，お楽しみ会をしたいなどの学級全体の問題です。どういう決まりにするか，どんな内容にするかなどを話し合います。

ここで気をつけたいのは，なんでもかんでも全体の問題にしないことです。勝手に物を借りる人がいて困っているからといって「人の物を借りるときはきちんと断る」なんて決まりを簡単につくらないことです。それよりも困っている人のために，「その人にこんなふうに言ってみたら」とか「こんなやり方もあるよ」とアドバイスする方が，よほど，あたたかな人間関係がつくられることでしょう。もちろん同じようなことで悩んでいる人がたくさんいるならば，学級全体の問題として決まりをつくるなどすればいいでしょう。

出発が個人的な問題でも，話し合ううちに全体の問題になることはよくあります。しかし，最初からすべてを全体の問題にして，余計なルールをつくってしまわないことです。

5 解決策を出す

出された議題に対して，輪番で解決策を提案します。ここでも「いい気分，感謝，ほめ言葉」同様，言えないときは「パス」をしてもいいことにします。そして，発言者に「もの」を持たせます。発言のルールは，

> ① 思いついたらどんどん言う。
> ② 人の話は最後まで聞く。
> ③ 人の話を批判しない。

です。

　出された意見は、すべて黒板に記録します。

　20人前後の比較的少人数の学級では、ふた回りくらいできますが、40人近い学級では、時間的に一回りが限界です。子どもが発言をしている間は、意見を聞きながら、①〜③のルールが守られているかどうかをよく見ます。聞き方ができていないときは、発言の合間に「○○君は、よく話が聞けていますね」とか「○○さん、最後まで話を聞きましょう」などと声をかけ、積極的に介入して話の聞き方を指導します。

　「話し合う」ことよりも「聞き合う」ことができるようにします。稚拙な話し方でも、それを真剣に聞くような学級になってくれば、子どもたちのつながりはかなりできていると判断していいでしょう。

6　解決策を検討する

　黒板にずらりと解決策のリストが並びました。次にすることは、それらの意見に対し、質問、賛成、反対意見を言い合い、それぞれの意見を吟味します。中には実現不可能な解決策も少なくないからです。20人程度の学級ならば、ここも輪番で発言するのが望ましいです。それだけひとりの発言機会が増えるからです。しかし、人数の多い学級では、最初のうちは意見のある子どもに挙手をして発言してもらいます。話し合いのルールが浸透し、テンポよく話し合えるようになったら輪番にするのがいいでしょう。

　ただし、質問、反対、賛成を別々に扱っていると時間がかかります。だから、次のように言います。

> ここまで出た意見に対して賛成や反対や質問はありませんか。

　話し合う経験の少ない学級では、賛成意見や反対意見で何を言っていいかわからないことがあります。そのときは、次のように言います。

> 賛成意見とは，その意見のよいところやその意見を実行するとこんないいことがあるという意見です。反対意見とは，その意見の困るところやその意見を実行するとこんな心配なことがあるという意見です。

　この場面で時間を確保し，しっかり意見を検討することで，質の高い話し合いが実現します。

7　決定する

　従来の話し合い活動では，ひとつの議題に対して2時間も3時間も話し合われたことがありました。全員が合意するまで丁寧に話し合うといったこともなされました。それはそれで意味のあることです。しかし，時数に厳しい制約のある現在，そうした実践は難しいでしょう。そこで，私は，次のような提案をします。

　　45分で決定する。

　ひとつの議題に対しては，45分で決定をすることです。時間が来たら決定するという時間の壁が，話し合いに緊張感をもたらします。
　決定の仕方も議題と同様に2種類です。次のようにします。個人的な問題の場合は，こう言います。

　　解決策の中から，議題提案者がやってみたい解決策を選択する。

> 提案者の○○さん，この中でやってみたい解決策はありますか。（選択したら）その方法でやってみて，次回，うまくいったかどうか，また教えてくださいね。

それに対し，全体の問題の場合は，

> 多数決。

こう言います。

> 時間がきたので多数決をします。これから決定することに納得できない場合もあるでしょうが，みんなで決めたことですから守ってもらいたいです。もし，困ることや都合の悪いことがあれば次回振り返りますから，そのとき教えてください。

どんな決定も，次回に修正の可能性があるとわかれば，だんだんと子どもも多数決を受け容れるようになります。変更がきかないと思うから，多数決を尊重しない子どもや決定時に意固地になる子どもが出てくるのです。

8　子どもが運営する

　これが最も重要なシステムです。

　低学年なら教師が進めていく方がスムーズに流れるでしょう。しかし，中学年以上ならば，子どもが進めた方がずっと効果的です。教師が進めるとどこかで教師に依存する気持ちを子どもはもちます。しかし，運営を子どもに委ねたときに子どもたちが本気になります。もちろんシステムに慣れるまでは，高学年といえども教師が進めてイメージをつかませます。私の実践経験からは5～6回目から子どもに任せて大丈夫です。

　司会チームは4名編成です。司会1名，副司会1名，黒板書記1名です。その他にノート書記がいます。ノート書記は日直がやっています。ノート書記以外は立候補で募ります。

　消極的な学級でも話し合い活動が良いものだと認識されれば，たぶん立候

補する子どもには困らないはずです。司会の子どもたちに持たせるマニュアル（「クラス会議の進め方」）を示します。79～82ページの内容が示されたシートを用意して司会に渡します。司会は困ったときに見ます。

　この話し合い全体の進め方をまとめたものとしてもご覧いただけると思うので，一度お読みください。話し合いの全体像をつかむことができるでしょう。

　子どもたちができない部分は，最初は積極的に手伝ってあげてください。やがて子どもたちだけですべてを運営できるようになります。

板書をしながら意見を述べようとする黒板書記

クラス会議の進め方
＜クラス会議の前によく読んでおいてくださいＲ＞

○司会の仕事はクラス会議を進めることです。いつもみんなの方を見て話し合いを進めてください。
○副司会の仕事は司会を助けることです。その他には，黒板書記がみんなの意見を聞き逃して困っていたら教えてあげてください。
○司会さん，副司会さん，この時間をあなたたちに任せます。自信をもって会議を進めてください。もし，進め方がわからなくなっても心配することはありません。そのときはみんなに聞いてみましょう。「このあと，どうしたらいいと思いますか？」きっとみんなが相談にのってくれますよ。
○下に示したセリフは「例」だから，自分の言いやすいように言っていいのです。

①始めの言葉
「これから第○回　△△会を始めます」
・司会・副司会・書記は，自分のめあてを言いましょう。
・次に「先生のお話」。先生からアドバイスをしてもらいます。

②話し合いの決まり
「話し合いの決まりをみんなで言いましょう」
・みんなで決めた話し合いの決まりを，大きな声で読ませてください。今日も気持ちのいい話し合いをするためです。

③いい気分・感謝・ほめたいこと
　「『いい気分になったときのこと・感謝したいこと・ほめたいこと』の発表です。○分考えてください。（○分後）では，私（ぼく）から発表します」
・自分から発表してください。後は，座っている順番で全員に（これを「輪番」と言います）話してもらいます。このとき，もし，言えない人がいたら「パスしますか？」と聞きます。

④前回の解決策の振り返り
「前回の議題は～で，解決策は～でした」
・前回の議題と解決策を確かめます。
「前回の解決策はうまくいっていますか。うまくいっていませんか」
・前回の議題の提案者に聞きます。
・もし，みんなにかかわる議題であったなら，みんなにも聞きます。
・もし，うまくいっていなかったら，「今の解決方法をもう1週間続けてみますか？　違う方法を試してみますか？」と聞いてください。
・違う方法を試す場合は，「新しい解決策を提案してください」と言って，違う解決策をみんなから出してもらってください。

⑤議題の提案
・提案日の早いものから順に取り上げて読み上げます。そして，提案者に「解決しましたか」と聞いてください。
・解決してたら，次の議題を読み上げます。
・解決していなかったら，「つけたすことはありませんか」と聞いてください。まだ，言いたいことがあるかもしれません。
・もし，何を話し合ってほしいのか「提案者の願い」がはっきりしていない場合は，

「どんなことがありましたか」
「どういうことを話し合ってほしいですか」
と聞いて，提案者の話し合ってほしいことをはっきりさせましょう。

⑥話し合い
【解決策を集める】
「これから〇〇について考えます。時間は〇分です」
・議題をはっきり言います。
・「私から言います」と言って輪番で意見を言います。
・人の話し中に発言する人がいたら，「最後まで話を聞いてもらえませんか」と声をかけてみます。
・聞いていない人がいたら，「話し合いの決まりを思い出しましょう」とか「聞いていることを態度で示してください」などと声をかけてみましょう。

【質問・意見を言い合う】
「それぞれの考えについて質問や意見はありますか」
・解決策が一通り出たらそれぞれの考えに対して質問や賛成意見や反対意見を聞きます。
・質問が出たらその場で答えてもらってください。
・発言したい人に意見を言ってもらいましょう。

⑦決定
　今日の議題が「みんなにかかわること」のときは，Aを見ます。
　　（例）クラスの約束をつくる。
　　　　　お楽しみ会の計画をする。
　今日の議題が「個人の悩みや困ったこと」のときはBを見ます。
　　（例）ある人が自分の消しゴムを勝手に使って困っている。

A 「多数決をします。」
・意見をひとつひとつ読み上げて、いいと思う意見に手を挙げてもらってください。
B 「〇〇さん、やってみたい方法はありますか」
・意見をひとつひとつ読み上げて、議題の提案者に選んでもらってください。
・何か物事が決まったらみんなから拍手をしてもらうと、盛り上がりますよ。

⑧決まったことの発表
「黒板書記さん、決まったことを発表してください」
・今日のクラス会議で決まったことを、黒板書記さんから発表してもらってください。
・決まったことの発表の後にも拍手をします。

⑨今日のクラス会議から
・終わりに司会・副司会・黒板書記は、一言ずつ、今日のクラス会議の感想を述べてください。
・みんなのがんばったところや自分の気持ちを言ってください。また、もっとこうするとクラス会議が良くなるという点を言ってもいいですね。そのときは、注意する感じでなく「～は、もっとこうした方がいいと思います」と知らせるような感じで言えるといいですね。
・最後に、先生からも感想を聞いてください。

⑩教室を元に戻す
・机と椅子を元通りにしたらクラス会議の終わりです。

第2章 学級づくり「予防編」

3 「クラス」とつながる －学級のキャラクター化－

　子どもたちが自分の学級に親近感をもち，大切に思うようになる方法です。
　ほとんどの子どもは，新しい学級がスタートするときには，学級に何らかの期待をしています。しかし，過去のトラブルなどで，学級集団やクラスメートに最初から不信感や不安感をもっている子どももいます。そんな子どもたちに「ぼくたちのクラスはおもしろそうだ」「私たちのクラスは特別だ」という思いをもたせることによって，学級を好きにさせます。子どもたちに学級を好きにさせて，学級というものに積極的にかかわらせます。
　その一つの方法が，

> 学級のキャラクター化

です。本章の「1　先生とつながる」のところでも述べましたが，子どもはキャラクターが大好きです。教師は実態のある存在なのでキャラクター化は比較的容易です。しかし，学級は実態があるようでないようで……なんだかはっきりしません。では，どうするか。

> 学級目標をシンボル化する。

　皆さんの学級では学級目標を設定していますか？　学級経営案に書いてある「教師の言葉」で書いたものではなく，「子どもの手によって決められた子どもの言葉」で書かれたもののことです。
　学級目標は学級づくりにおいて極めて重要です。学級目標は，子どもと描く理想の学級の姿，学級の到達点です。学級目標なしに学級づくりを進めることは，「あてのない旅」と同じです。結末は「路頭に迷う」ことになるでしょう。
　学級目標は教師が決めたものを提示するのではなく，子どもたちとの共同

作業でつくるのが望ましいです。教師が決めた目標のもと，グイグイ子どもたちを牽引する学級経営を否定しませんが，ひょっとするといつの間にか教師だけで学級づくりをがんばる「一人旅」になりかねません。

　教師の情熱，方針，哲学に則った上で，子どもたちと学級づくりを分かち合いながら進めることが大切です。

　学級目標をキャラクター化することによって学級のシンボルにします。形のなかった学級という存在が，親しみのあるキャラクターとなることで親近感が増します。学級集団に距離をおこうとする子どもが増えていると指摘されている昨今ですが，学級をキャラクター化することで，子どもにとって学級が身近な存在になります。

　「学級のキャラクター化」の道筋を示します。

1　教師の願いを語る

　まずすることは「教師の理想の学級を語る」ことです。それも始業式の学級開きのときがいいです。ほとんどの子どもたちが新年度を迎えるときは，期待を抱き，何かがんばろうと積極的な気持ちになっているはずです。そんなときに，教師がしっかりと明るく未来を語ります。教師の言葉は子どもたちの心の中にすんなりと入っていくでしょう。

　私の場合は，簡単なアイスブレーキングをした後で次のような5つの項目を学級の理想として語ります。

> ①　自他を尊敬できる学級。
> ②　人のためになることを自分からやる学級。
> ③　協力して問題を解決する学級。
> ④　全力で取り組む学級。
> ⑤　いじめや仲間はずしを許さない学級。

　そして，最後にこう問いかけます。

> みなさんは，どんな学級にしたい？

　この「問い」を宿題にします。「家族みんなで話し合っておいで」と言います。教師がきちんと語れば，教師の言葉は子どもの考えに影響を及ぼします。教師の願いを反映したことを自分の言葉で言ってくれるはずです。

2　全員の意見でつくる

　次の日，全員で学級目標をつくるための話し合いをします。これは，学級にとって最初の話し合いです。つまり，コミュニケーションづくりの出発点になりますから，第2章に示したコミュニケーションのルールを意識しながら心して進行します。

　全員にA4の画用紙を縦に半分に切ったものを渡し，それぞれの理想の学級を書かせます。「○○の（な）クラス」という形です。後で黒板に貼るので，「一番後ろの人が見えるように，ネームペンで大きな字で書いてください」と言います。「○○」の部分は，ワンフレーズです。「仲良く元気な」というように，ふたつのことを書かないようにします。「『仲良く』か『元気な』のどちらかひとつ，一番の願いを書いてね」と言います。

　書けた子どもから黒板に貼っていきます。同じ意見はもちろん，似ている意見は近くに貼ります。次にまとめられるものはひとつにします。たとえば「けんかのない」と「いじめのない」という意見は同じだと，子どもが指摘したら，

> どちらの言葉にするか，それとも新たな言葉にするか

を決めます。前者の場合は，よりよい言葉を多数決で決めます。後者の場合は，

> 共通の願いは何だろう？

と問いかけます。すると，「仲がいい」などの意見が出てきますので，それを

ふたつを代表する言葉として採用します。このようにして，願いを集約して言葉をしぼっていきます。忘れてはならないのは，言葉が選ばれなかった子どもへのフォローです。

> あなたの願いは，この言葉に込められたよ。

と知らせて，自分の意見がもとになっていることを意識させます。

　　ポイントは，　全員の意見でつくる　ことです。

「僕の意見は採用されなかった」と思わせないように配慮しながら進めます。

　下の写真は話し合いのときの板書の様子です。短冊のそばに抽出した共通の願いを大きく書いていきます。

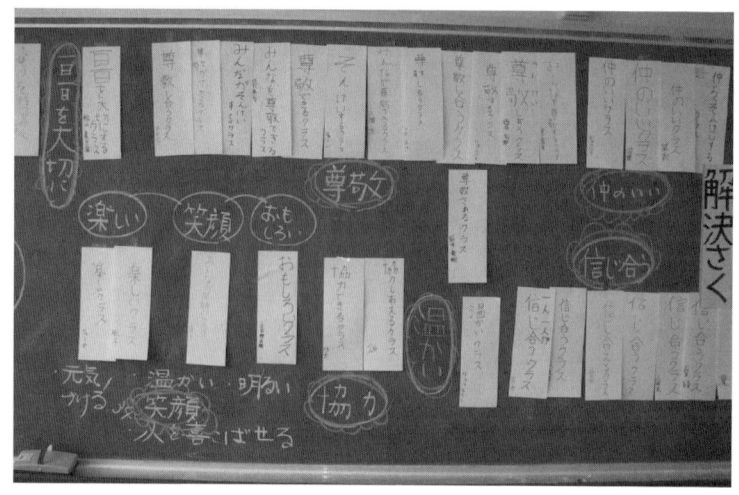

黒板に貼られた子どもたちの意見

　そして，最後に残ったキーワードをつなげて学級目標にします。こだわりの強い言葉が並ぶと，ときに長い詩のようなものになることもありますが，それはそれで結構です。ただ，短い方がキャラクター化はしやすいです。

3 キャラクターを決める

学級目標が決まったらキャラクターを決めます。

> この学級目標にぴったりのキャラクターを決めましょう。

と投げかけます。

経験のない学級は戸惑います。当然です。やったことないのですから。そんなときはサンプルを示します。

「ねばり強い学級」なら「納豆」,「頭がいい学級」なら「イルカ」など,それぞれ言葉にはイメージがあるでしょう。みんなの決めた学級目標のイメージに合うキャラクターを探すのです。

既存のキャラクターを挙げる場合もあります。一応それもよしとします。ある学級では,次のような学級目標ができました。

> みんなが楽しいと思える,何でも協力してのりこえる,ハイテンションなクラス。

これに合うキャラクターを考えました。子どもは,ばちと太鼓が協力して音を出し,たたくとハイテンションになるから「タイコ」というキャラクターを考えました。理由に説得力があったので,多くの支持を集めました。

すると,他の子どもが絵本の「スイミー」(レオ＝レオニ作)を挙げました。協力して難関を乗り越えた魚の話は有名ですよね。これも多くの支持を集めました。

「タイコ」がいい,「スイミー」がいいとクラスを二分する激論となりました。すると,ひとりの子どもが「一緒にすればすべての学級目標をカバーできる」と言い「合体させよう」と言いました。拍手をもって了承され,「タイコ」プラス「スイミー」で「タイミー」という新しいキャラクターを誕生させました。

キャラクターを生み出すまでに60分以上かかりました。学年の始めに「もったいない」と思われるかもしれませんね。でも，思い入れをもって決めたキャラクターほど子どもは好きになります。そして誇りをもちます。思い入れをもってつくったオリジナルキャラクターに，既存のキャラクターは太刀打ちできません。

子どもが自分の学級を好きになるきっかけをつくるためならば，60分はそんなに惜しい気はしませんが，いかがでしょうか。

「タイミー」のシンボルマーク

4 やたらとキャラクター

キャラクターが決まると次々といろいろな活動が思いつきませんか？

- 学級通信の名前を「タイミー」にする。
- 学級会の名前を「タイミー会議」にする。
- 「タイミー」決定お祝いイベントをする。
- 「タイミー」の旗を作る
- 「タイミー」の歌を作る。

「タイミー」の名を冠したイベント，活動が次々と生まれます。朝の会や帰りの会も，「タイミー朝会」「タイミー終会」にしてしまえばいいのです。

卒業生は手紙などに，「ぼくはいつまでもタイミーです」とか，「タイミーだったことを忘れません」なんて書いてくれます。

学級をキャラクター化することによって，学級が子どもにとって，とても身近なものになることは間違いないようです。

第4節 「充実感」づくり

　「尊重されている実感」をもたせる実践の第3のポイントは，充実感を味わう活動を仕組むことです。

　私たちがそうであるように，子どもたちもただ優しくされるだけでは充実感を感じません。充実感とは満たされる感情です。ただ受け入れられるだけでは満たされません。自分のやりたいことがやれたり，力を発揮したりする場が必要です。

　学級における充実感は，「楽しさ」や「かかわり」に支えられるようにします。そして，その「楽しさ」は一過性のものではなくて，がんばってつくり上げ，やってよかったなと思える継続性や連続性のあるものにします。また，それが個人ではなく，集団でやりたいことを結集し，ひとつのことを成し遂げ，喜びを分かち合ったとき，充実感は何倍にも膨れ上がります。楽しさをつくり上げる過程で積極的に集団にかかわり，それがみんなに受け容れられたり認められたりすることで「みんなと一緒にいてよかった」という感覚をもちます。

　ここでは，ふたつの「充実感づくり」の活動を紹介します。やりたいことを思い切りやることで集団とかかわる場としての係活動，そして，学級みんなでやりたいことを精一杯やる場としてのイベント活動です。

1　自由設立制係活動「会社システム」

　「会社システム」は，あちこちの教室で実践されるようになりました。係を「会社」と呼び，子どもたちの自由な活動を保障します。このシステムは，子どもたちの「自由度」が大きく，思いをたっぷりと実現することができます。軌道に乗ってくると次々と楽しい「会社」が誕生して教室が活性化します。

会社システムの特徴をご理解いただくために，よくある係活動のシステムを挙げて比較してみましょう。

　次に示すのは，一般によく見られる係活動のシステムです。

---
① やりたい仕事を挙げる。
② 挙がったリストの中から自分の一番やりたい仕事を選ぶ。
③ 仕事が一致した者同士で，係をつくる。
④ 次の学期に係を再編成する。

　学級によっては，話し合いによって，多数決で認められた仕事を分担することもあります。また，ひとりが所属できるのはひとつの係です。ある係の希望者が多過ぎる場合は，ジャンケンや抽選でメンバーが決められることもあります。そして，次の再編成まで係を変えることはできません。

　次に会社システムを示します。ただし，これは私がこれまで実践してきたスタイルです。すべての会社システムが同じというわけではありません。

---
① 学級のためになるならば何をしてもよい（ただし，学校の決まりの範囲内で）。
② 朝の会，帰りの会で会社をつくること知らせ，ポスターを掲示する。
③ 会社に入りたい場合は，朝の会あるいは帰りの会で連絡し，ポスターに名札を貼る。
④ いくつの会社に所属してもよい。
⑤ 会社を辞めたい場合は，朝の会，帰りの会で連絡し，ポスターから名札をはずす。

　会社システムは一般的な係活動システムに比べて，「内容」「メンバー」「活動期間」「所属する会社数」などにおいて，圧倒的に自由度が大きいのです。子どものやりたいと思ったことがやりたいだけできます。子どもの思いにブレーキをほとんどかけないので，活動が盛り上がります。

　これから会社システムづくりの実際を示します。

第2章 学級づくり「予防編」

(1) 投げかけ

「会社システム」を初めて経験する学級は，いきなりシステムを導入しても動き出せません。最初の ひとつ目の会社は全員でつくります。

> 係活動を決めます。ただし，このクラスでは係を「会社」と呼ぶことにします。今までの係活動でやったことのないようなこともやれるようにです。仕事はクラスのためになるならば何をやってもいいです。ただし，学校の決まりは守ってくださいね。会社でどんな仕事をしたいですか。

このように投げかけます。いきなり会社名を聞かないことです。仕事を聞きます。そうすると何をするのかがはっきりして，他の子どもにもわかりやすいです。子どもは「配り物を配る」とか「掲示物をはる」など，これまで経験した範囲で言います。それはそれで大いに認めます。しかし，もう少しいろいろな仕事をさせたいときは，教師の方から例を示します。

> 以前，担任したクラスでは，昼休みに劇をする会社や手品をする会社がありましたよ。朝の会でみんなに手話を教える会社もありました。

こんなふうに言うと，子どもは「え？ いいの？」という顔をしながらも，反応のいい子が今まで出なかったことを言います。そこで「そんな会社あったら楽しいねえ」と認めます。おそらく，ここでドッと楽しい意見が出てくるでしょう。

ここで重要なのは

理由づけ

です。何のためにやるのか，その会社があるとどう学級の役に立つのかを明らかにするようにします。「学級のため」という条件があると無軌道な意見は出てきませんし，いざ，活動が始まったとき「学級のため」というお墨付きがあれば，結構，幅の広い活動ができます。

しかし，やりたい仕事があっても理由がなかなか言えない子もいます。そういうときは，少し手助けをします。

> みなさん，○○さんは，××という仕事をする会社をつくりたいのだけど，うまく理由が言えないみたいです。××という会社があったらクラスにどういういいことがあるかな。

と助言すれば，他の子どもが理由を考えてくれるでしょう。

（2）メンバー決め

黒板に子どもの意見を列挙します。そして，その中から，一番やりたい仕事をひとつ選ばせます。

> この中から自分が一番やりたい仕事を選んで，ネームプレートを貼りましょう。

名前の書いてあるマグネットシートなどを利用して，写真のように全員が仕事を選んだことを確認します。それが，最初に所属する会社になります。多少人数が多くても，すべて認めます。

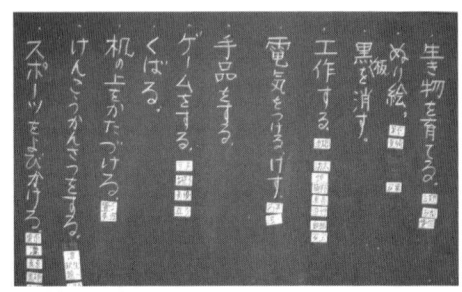

やりたい仕事を選び，ネームプレートを貼る

（3） ポスターの作成

ポスターを作成します。ポスターを掲示した会社から仕事を開始します。ですから，会社システムにおいてポスターは極めて重要です。ポスターに書く内容は，次のようなものです。

①会社名
「元祖旅役者」「生き物パラダイス」「歴史カードバトル会社」など，楽しく活動がイメージできるものにする。
②めあて
「花や動物を大切に育ててみんなを明るい心にする」など，活動によって学級をどうしたいかを示す。
③仕　事
どんな活動をするかを具体的に書く。「2週間に一度，昼休みに劇をする」など。
④メンバー
「社長」「部長」などを決める。

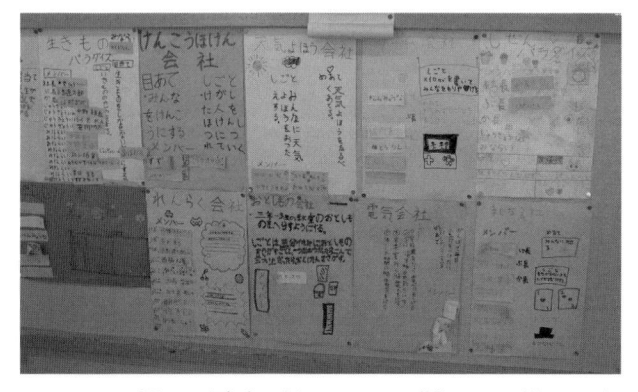

教室の一角に会社コーナーを決め，ポスターを掲示する

メンバーの欄には厚手の紙のカード（縦3cm×横7cmくらい）に名前を書いて，両面テープで貼るようにします。後で会社に入るときは，カードを作成して貼ります。辞めるときははがします。

また，役割は「社長」「部長」「社員」を基本とします。ルールを設けないと，好きな肩書きを付けてふざけ過ぎてしまう場合もあるので要注意です。

（4）入社・退社

　ひとつ目の会社ができました。活動が軌道に乗るまで，1週間くらいこのまま様子を見ます。しばらくすると「先生，他の会社もやりたい」などのことを言ってくるかもしれません。もし，言ってこないときは「もっと，会社をやりたい人いますか？」と聞きます。すると少なからずいるはずです。そこで，次のように語ります。

> 他の会社に今から入りたい人がいるようです。そこで，朝の会，帰りの会の連絡で「○○会社に入りたいです」と言ってください。理由も言ってください。

　そして，会社の人たちがそこでオッケーして，ポスターに名前を貼れば，入社完了です。逆に退社したい人もいるでしょう。そのときは辞めることと理由を知らせてください。会社の人がオッケーしてポスターの名札をはがせば，退社完了です。

　公の場で連絡すれば，「ノー」という場合はまずないでしょう。しかし，まれに，その子が重要な役だったり，当番的活動をしている会社の場合，急に辞められると困る場合もあります。そのときは，「きちんと話し合ってから辞めてくださいね」と言います。辞めた後のことも考えて行動させるのも大切な指導です。

ただ今ポスター作成中

（5）停滞させない条件

　「会社システム」は自由度が大きい分，停滞するときは思い切り停滞する場合もあります。あれだけ活発だった活動がパッタリとなくなります。当番的活動ではない会社は，仕事をしなくてもとりあえず誰も困りません。活動の停滞を防ぐために，次のことを保障します。

> 時間・物・場所。

　金曜の朝学習は「会社タイム」にするなど，活動の時間を定期的に設けます。また，「画用紙」「マジック類」「ネームカード」「両面テープ」「折り紙」「のり」など，作業に必要な物は子どもがいつでも自由に使えるようにしておきます。また，休み時間に「劇をやりたい」「黒板を使いたい」と申し出があった場合は，教室を快く提供します。たとえば，手品をする会社が「今日の昼休み，手品ショーをやるので教室を使っていいですか？」と聞いてきたら，「どうぞ，どうぞ」と許可します。

「手品会社」が１年生を招待したマジックショー

　また，停滞させない条件として，

> ほめ続けること・感謝すること

が大切です。手品会社の活動の後には,「いやあ,君たちのおかげで1年生まで楽しくなったね,すばらしいね」と声をかけます。配り物をする会社には,「いつも助かっているよ,ありがとう」と「毎回」言います。子どもたちの活動が人のため,学級のためになっていることを伝え続けるようにします。

　高学年はたいへん多忙です。行事の前などは,やる気があってもできないときがあります。そういときは,「待つ」ことも大事です。叱ったり,せかしたりしないで,活動したときを見逃さずに声をかけるようにします。

2　「全員」が「夢中」になるイベント

　「会社システム」が軌道に乗ると,毎日のように自由参加の「ミニイベント」が開催されます。朝の会で,「今日の昼休み,教室で大根抜きをします。やりたい人は集まってください」「今日の昼休み,グラウンドでサッカーをします。やりたい人は集まってください」と声を掛け合う姿が見られます。

　これは,「自由参加」です。やりたい人が「言い出しっぺ」のもとに集まります。学級による集団決定を通さないのでドンドン行われるでしょう。これとは別に「全員参加」の,しかも「夢中」になるイベントを仕組みます。これは「全員参加」ですから,学級の話し合いを通して進めます。とびきりの「楽しい」ものにします。

　特別活動の時数削減のおり,こうしたことに,ジックリ時間をかけて行うことはとても難しくなりました。しかし,

> 1年に1回

は,やってみたらいかがでしょうか。学級がガッチリまとまります。子どもたちが「一番の思い出だ!」と言います。まとまる良さを学んだ子どもたちはとても協力的になります。時間をかけて苦労をした分だけ,子どもや学級が得るものは大きいです。

　ここでは,「お化け屋敷」づくりを例にイベントのつくり方を紹介します。

もちろん「お化け屋敷」でなくてもいいのです。これをみなさんの学級の独自のとびきりのイベントを仕組む参考にしてください。

(1) 児童会行事などとタイアップする

　たくさんの教育活動が組まれている昨今，あらたに大きなイベントを起こすのはなかなか難しいでしょう。でも，学校行事や児童会行事などのイベントとタイアップすれば比較的やりやすくなります。たとえば，各学校で児童会のお祭りのようなものはありませんか？　各学級が出店を出して，お客さんとお店屋さんになって楽しむイベント。そうしたイベントを使わない手はありません。

　子どもは出店というと，すぐに「お化け屋敷」をやりたいと言います。しかし，実際にお化け屋敷をやるのはとても手間がかかるし，実際やってみると光が漏れて仕掛けがバレてしまって迫力不足。時間のわりに達成感が少ないのが実情です。

　私の学級でも，懲りもせず毎年のように「お化け屋敷をやりたい」と提案されます。そこで言います。

> 駄目です。お化け屋敷は，以前担任した学級で何回もやりました。「ものすごおく」大変です。材料も半端な量では足りません。教室中が，ダンボールであふれるくらい用意しても足りません。昼休みや放課後をたくさん使っても間に合わないかもしれないのですよ。そんなことをやり遂げる覚悟が君たちにありますか？

　これを「真顔」で，ただし，「茶目っ気たっぷり」に言うのです。ここでやめようという空気が漂う学級では，やらない方が身のためです。しかし残念ながら，今まで担任した学級では「それでもやる！」と言うのです。

学校行事にのってやれば，学力向上重視の風潮の中でも堂々とやれます。こういう思い切り楽しいことと同時進行で学んだ方が，子どももやる気をもって学習をします。

(2) 目的と目標を設定する
　まず，イベントの目的を決めます。「何のためにやるか」です。児童会祭りのためにやるのでは，祭りが終わったらそれまでです。そうではなく，祭りを通して学級がどうなりたいかを共通理解させるのです。

> お化け屋敷をしてどんな学級になりたいですか？

と問います。
　「みんなが協力できる学級」とか「全員でがんばる学級」とか言うでしょう。それを集約してお化け屋敷後の「学級の姿」を目的として決めます。
次に，

> この目的を達成するためにどんなお化け屋敷にしたいですか？

と問います。「思いっきり恐いお化け屋敷」「お客さんがたくさんくるお化け屋敷」などの案が出ます。「お客さんがたくさんくる」などと出た場合は，数値目標を決めると盛り上がります。「目標のべ300人」とか決めます。
　とびきりのイベントはとびきりの学級づくりのチャンスです。しっかりと目的と目標をもって取り組ませます。せっかくのイベントが打ち上げ花火的な楽しみで終わらないようにします。

(3) 全員で話し合う
　次にお化け屋敷の内容を決めます。

> お化け屋敷の内容は何をしたいですか？

「洞窟のような迷路にしたい」「上から何かぶら下げたい」「恐いビデオを流したい」など，いろいろ出るでしょう。リストアップしたら，賛成意見や反対意見，質問を言い合って実現の可能性を検討します。「それを準備するには時間が足りない」とか，「その企画をもっとこうした方がお客さんが集まる」とか，「あんまり迷路が長いと待ち時間が長くなって，たくさんのお客さんが入れない」などと言い合うわけです。

この段階ではできるだけ多くの意見を出させて，

みんなのやりたいことがぼくのやりたいこと

になるようにします。意見を出せない子どもには，

> この意見に対して賛成の人は手を挙げましょう。

と聞いて，どの意見を支持するかだけでも明らかにするようにします。これは多数決ではありません。意思の確認です。自分の支持する意見を明らかにすると，話し合いに対して積極的になってきます。

(4) こだわりを生かす

たとえば，「上からこんにゃくをぶら下げたい」という意見に対して「食べ物を粗末にするのは良くない」という意見が出たとします。ここで，じゃあ，「ぶら下げるのはやめる」とすると，その意見は消えてしまいます。提案者もその意見を不採用にすることに納得していればいいのですが，強い願いをもっていそうな場合は，「こんにゃくの代わりになる物はないかな」と助言し，簡単に多数決をとってこだわりのある意見を消さないことです。

ぼくのやりたいことがみんなのやりたいこと

になるように，個人の思いと集団の思いをすり合わせるようにします。

(5) 代表の仕事，全員の仕事
　すべてを全体の話し合いで進めるのは，できないことはありませんが，時間がかかってしまいます。そこで，

代表に任せる

ことで時間の節約をします。そうしないと作業時間がなくなってしまいます。
　たとえばお化け屋敷の全体のレイアウト。
　まず子どもたちがリストアップしたお化け屋敷の内容をもとに，教室の使用計画をイラストなどで示してくるように言います。これは希望者にやってもらいます。後日，持ち寄ったアイデアを比較し，もっとも支持を集めたものをお化け屋敷の設計図とします。
　それをもとに仕事を分担します。
　ようやく作業に入ることができます。ポイントは，

全員で分担

することです。傍観者をつくってはいけません。
　もちろん，ここまでにしておかなければならないことは材料集めです。迷路の壁やさまざまな仕掛けをするためには，大量のダンボールが必要です。学級通信で子どもたちの話し合いの様子を知らせておくと，保護者の方も手伝ってくれることがあります。
　子どもたちも放課後に保護者を伴って，ダンボールを搬入しにきたりします。そのときは丁寧に感謝の気持ちを伝えます。
　たとえば，次のような係が考えられたとしましょう。

第2章　学級づくり「予防編」

- ・迷路の壁を作る係
- ・回転扉を作る係
- ・入り口での手探りゲームを作る係
- ・天井からぶら下げる物を作る係
- ・秘密の扉（2枚）を作る係
- ・ホラービデオを用意する係
- ・懐中電灯を入れた人形を作る係
- ・ゴールした人に渡す商品を作る係
- ・廊下で待つ人のための恐い話を書いたシートを作る係

　全員に仕事が行き渡るように、これらの仕事を分担します。上のリストでは「ホラービデオ」と「懐中電灯人形」は比較的に負担が少ないので、ふたつの仕事を兼任します。終わったところから大変な仕事の手伝いに回ります。

▼回転扉作り

▲妖怪ポスト作り

(6) 当日の仕事分担

　お化け屋敷は，当日，2グループに分かれて，「店員」と「お客」をやります。前半と後半で役割を交代します。前半と後半の店員の役割を決めなくてはなりません。これも全員です。学級の半分の人数が割り当てられるだけの仕事を用意します。子どもたちに

　当日は，どんな仕事が必要ですか？

と問えば，たとえば，次のような仕事が挙げられるでしょう。

- 受付（スタンプ，人数記録を兼ねる）
- 入り口の扉係
- 入り口にある手探りゲーム係
- 迷路補修係
- 回転扉の補修と支える係
- 秘密の扉の補修と支える係
- 賞品配り係
- ビデオのスイッチ・ＣＤで恐い音を流す係
- 棺桶から飛び出す係
- 清掃ロッカーから飛び出す係
- 洞窟の穴から手を出す係
- ぶら下げる物の管理係
- 出口扉係
  - …
  - …
  - …

　お化け屋敷は，途中で必ず壊れます。だから，教室内でガムテープを持って隠れている「補修係」を2,3名つくっておきます。絶対に必要です。作業

は遅くとも，前日の午前中に完成し，午後はリハーサルをするようにします。というものの，この手の作業は予定より遅れて，リハーサルができなくなりがちです。しかし，教師無しで運営できるようにしておかないと，当日に混乱し，せっかく時間をかけてつくっても不満足な結果になってしまいます。

　さて，お化け屋敷ができてくると教室が使えなくなってきます。窓ガラスにボール紙をぺたぺたと貼っていきます。すると昼間だというのに，教室が真っ暗になってきます。

　前日と前々日くらいは，教室では学習ができませんので，特別教室を渡り歩くという，またとない経験ができます。もちろん管理者に事前に連絡をして，特別教室を使用する許可をとっておきます。

　イベント当日だけでなく，準備過程も子どもにとってはまたとない思い出になるのです。

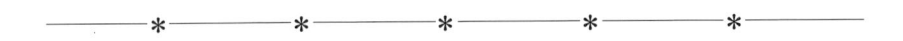

――――＊――――＊――――＊――――＊――――＊――――

　ここでは「お化け屋敷」を紹介しましたが，内容は何でもいいのです。話し合い活動で全員の思いを引き出し，全員で分担した作業で協力をします。有志によるイベントも，そのときそのときの旬の活動が次々と行われて楽しいのですが，ときには，じっくりと時間をかけて全員でひとつのイベントを作り上げてみるのです。このような体験は学級がまとまる絶好の機会です。

　時間をかけて作ったものをイベントの後に壊す，あの瞬間の子どもたちの何とも言えない顔。嬉しいような悲しいような何とも言えない顔を見たら，みなさんもきっと「病みつき」になります。時間をかけただけの成果はあります。ぜひチャレンジしてみてください。

第3章

学級づくり「治療編」

第1節 問題解決のコツ

1 トラブルと学級づくり

次のようなお話を多くの先生方から聞くようになりました。

「頻発する問題行動への対応で1年間を過ごし，ひとりひとりと触れ合うことができなかった。学級づくりまで手が回らなかった」

おそらくトラブルへの対応の連続で，満足のいく教育活動ができなかったのでしょう。たしかに，教室ではさまざまな問題が起こります。このごろでは，許容し難いもの，信じ難いもの，理解し難いものも多いのでは……と思います。そうした教室でのトラブルは少ない方がいい，できるならばない方がいいと思うのはもっともなことです。

しかし，トラブルのない社会はないように，人の集まるところにトラブルは付き物です。教室も小さな社会ですから，トラブルのない教室はないのです。学級づくりの達人と呼ばれる教師の教室でもトラブルはあるのです。でも，学級づくりのうまい教師の教室では，トラブルとは無縁のように子どもたちの明るく生き生きとした表情が見られます。では，達人たちはトラブルを「もみ消している」のでしょうか。

いいえ，そうではありません。トラブルを学級づくりに「生かしている」のです。つまり，

> トラブルはチャンス

になっているのです。トラブルから逃げずに，トラブルを学級づくりのチャンスにしているのです。

それでは，どうしたらトラブルをチャンスにできるのでしょうか。そのためには，まずトラブルを分析することです。分析するためには「どんなとき

にトラブルが起こるのか」「どのようにしてトラブルが起こるのか」などの視点をもつことです。

　分析の視点をもつことにより，トラブルの意味が見えてきます。トラブルには，なんらかの意味があると思われます。なんとなく起こっているのではありません。それがわかってくると，解決方法も見えてきます。子どもの問題行動を通して，トラブルの分析の視点について考えてみましょう。

2　教室に集うさまざまな「個性」

　教室には，かつて見られなかったようなさまざまな「個性」が集まるようになりました。

　たとえば，やたらと反抗的な子ども。「教科書を開きましょう」と言っても「やだね」と拒否するばかりか，「なんでそんなことをしなくちゃいけないんだ！」と食ってかかる子どももいます。

　また，その逆にやたらと甘える子ども。休憩時間に教師の背中にペッタリとおぶさり，他の子どもが「ずるい！　ずるい！」と言っても，いっこうにやめる気配がありません。教師が「もう授業が始まるから，降りなさい」と言っても降りません。それでいてちょっときつく言われようものなら，ふくれっ面をして授業中もずっと怒っているのです。

　だんだんと増えているのが，家では「良い子」で，学校では無軌道な行動をする子どもです。家庭ではお手伝いを進んでやり，ときには両親に敬語を使ったりしているのに，学校では暴れたり，教師に向かって「死ね」なんて暴言を吐く子どももいます。

　かつては逆でした。家ではだらしなくて手がかかるのに，学校ではそれなりにやる。ですから，個別懇談会では，教師は学校でがんばっている姿を伝えればよかったのです。すると保護者は「本当ですか？　それは先生のおかげですよ」なんて言ってくれて，学校と家庭の関係はとても良好になることができました。

しかし，今は，その反対の場合がよくあります。学校でのやんちゃぶりを伝えると「先生，家ではよく勉強もするし，とてもいい子ですよ。先生の指導に問題があるのではありませんか」などと言われてしまうのです。挙げ句の果てには「先生，もっとしっかりしてくださいよ」なんて，励ましとも非難ともとれるようなお言葉をいただいてしまうのです。
　また，このごろよく職員室の話題になるのが，いわゆる「キレる」子どもではないでしょうか。感情的な子どもは以前もいました。しかし，それは教師から見て，まだ「かわいい」範疇だったように思います。しかし，今，よく教室で見かける子どもは，感情の表出がとても激しく，ときには物を投げたり暴力が伴ったりします。しかも頻繁なのです。ちょっとしたきっかけでやたらとキレるのです。
　私が空き時間に廊下を歩いていて，ある教室から子どもの大きな声がしたので行って覗いてみると，黒板の前で大の字になって男の子が泣き叫んでいました。担任の話では，「毎日のように」するのだそうです。
　今，私が特に気になっている子どもが，自分に自信のない子どもです。そこそこ友達もいて，学習も優秀なグループに入るのに，とにかく自信がない，そして自分が嫌い。友人関係にも自信がないものだから，誰かの悪口を言って，その仲間で友情を確かめたり，学校の決まりを破って秘密をつくり，その秘密を共有するグループをつくったりするのです。すばらしい力をいくつも持っているにもかかわらず，それが十分に発揮できなかったり，良い姿が持続しないのです。
　その他にも無気力で声をかけても何も活動しようとしない子どもや，人間関係が結べずにクラスメートとかかわろうとしない子どもなど，以前にはあまり見られなかったような子どもたちと当たり前に出会うようになりました。
　私たちにとっては，そうした気になる子どもたちへの対応もさることながら，気になる子どもたちを含めてどう学級をまとめ上げていくか，というところが頭の痛いところです。

3 「新しい荒れ」のなかの子どもたち

　かつても気になる子どもはいました。そうした子どもを「核」にして，その子どもを支える教室風土をつくり出し，学級を育てる学級経営も可能でした。しかし，今は，1クラスあたりの気になる子どもの数が多いのです。以前は各教室にこうした子どもはひとり，多くて ふたりでした。しかし，今は学級によっては，生徒指導の会議（「子どもを語る会」など）で名前を3分の1ほども挙げなくてはならない場合もあると聞いています。

　このような子どもたちが，教師の声かけで行いを改めてくれれば，彼らは「気になる」子どもになりません。「気になる」のは声をかけても注意しても，ときにはかなり叱っても同じようなことを繰り返すからです。継続する問題行動は，教師の体力や心の健康をジワジワと奪っていきます。

　それでも，教室にいるのが気になる子どもだけならば，私たち教師は何とか対応できると思います。その子どもたちを丁寧に支援し，何とか学校生活を送ることができるようにすることは可能でしょう。しかし，教室にはそれ以外の子どもたちも大勢いるのです。

　そして，その子どもたちも自分たちに関心を払ってほしいと思っているのです。ご存じの通り，今の子どもたちは認められたいという欲求を強くもっています。それは気になる行動をする子どももそうではない子どもも同じです。現在，気になる行動をしていない子どもたちが，この先もそうした行動をしないとは限りません。認められないという実感をもち続けたとき，気になる問題行動を始めるかもしれません。

　現在は，こうした気になる子どもへの対応ができないと学級経営ができない状況になっています。これからの学級づくりでは，数の増えた気になる子どものニーズを捉え，学級に適応できるように支援していく一方で，それ以外の子どものニーズもしっかり捉える「腕」が求められます。他の子どもとのかかわりのなかで，気になる子どものニーズを捉え，学級づくりをしていくための基本的な考え方と方法のいくつかを提案します。

4 気になる行動をするようになるまで

　気になる子どもは，なぜ「気になる行動」，いわゆる「問題行動」をするのでしょうか。

　4年生の真理子さん（仮名）という子がいました。真理子さんは，難しい課題に出会うと「固まって」しまう子でした。特に算数が苦手で，問題が難しかったり，量が多かったりすると何もしなくなってしまうのです。

　若き日の私は，このままでは彼女の学習が遅れてしまうと心配し，彼女が固まると優しく声をかけたり，放課後に個別指導をしたり，ときには叱ったりしました。

　しかし，彼女のそうした行動はまったく改善されませんでした。それどころか，算数以外の体育，図工など苦手な課題に向かうたびに固まるようになりました。

　私はといったら，相変わらずなだめすかしたり，励ましたりしていました。以前よりも固まる頻度を増した彼女の行動につき合う時間がドンドン長くなっていきました。それだけならまだよかったのですが，やがて，他の子どもたちが彼女を「変わった子」「わがままな子」と見るようになりました。だんだんと彼女とクラスメートの関係に亀裂が生じていきました。

5 気になる行動と「注目」

　彼女は，なぜ，「固まる」頻度を高めたのでしょうか。彼女の「固まる」行動を助長させた要因は，何だと思われますか。

　それは，

注目や関心

です。彼女は，もともと「固まる傾向」を持っていたのかもしれません。しかし，私が問題場面，つまり固まるところに必要以上にかかわったがために，彼女は自分が固まれば，先生の注目や関心が得られることを学んでしまった

可能性があります。それによって，彼女の「固まる傾向」を助長し，顕著で継続的なものにしてしまった可能性があります。

　こうしたことは，私たちの日常生活のなかでよく見られることのようです。たとえば，転んでしまった幼児がすくっと立ち上がったところに，大人が駆け寄って「大丈夫？」と心配な表情をした瞬間，泣き出したような場面を目にしたことがある方もいるでしょう。これなども誰も注目しなければ泣かなかったかもしれません。もちろん泣いたかもしれませんが，他者がいることによって，泣く度合いが大きくなったことは間違いないでしょう。

　真理子さんは固まることによって，一定時間，確実に私の関心や注目を得ることに成功していました。固まれば私に優しい言葉をかけてもらったり，励ましてもらったり。課題ができなかったり，クラスメートから孤立したりしている不安を感じていた彼女にとっては，大切にされる時間だったのでしょう。

　第1章（26ページ）で述べたように，子どもは，「尊重されたい」と願っています。「認められたい」と願っています。若き日の私は，彼女の「問題行動」に注目や関心を示すことによって，彼女のそうした行動を助長してしまったと考えられます。

　私は彼女を叱ることもしました。でも，彼女の行動は改善されませんでした。叱られることは，彼女にとって不快な体験なのですから，すぐに直らなくても軽減はしそうなものですが，そうはなりませんでした。これはどういうことでしょうか。

6　叱っても注意しても繰り返される問題行動

　それは，

> 叱ることも注目や関心を示すこと

だからです。

みなさん，人にとって，注目されないこと(つまり無視されること)と，叱られることはどちらがつらいでしょうか。私は無視されることだと思います。次の話がそのことを示しているでしょう。

　子どもを連れておもちゃ屋さんを通りかかりました。子どもがおもちゃが欲しいと駄々をこねました。もし，ここで買ってあげた場合，子どもは何を学ぶでしょう。そう，駄々をこねればおもちゃを買ってもらえることを学びます。自分の要求を通したいとき，駄々をこねればいいという行動を獲得するでしょう。

　では，叱ったらどうでしょうか。ここは意見がわかれそうですね。叱ることによって，駄々をこねることを今後はやめる場合もあるでしょうが，繰り返される可能性もあります。それは，ふだん，親子のかかわりが少ない場合です。一番欲しいものは手に入らなかったけど，次に欲しいものは手に入れたからです。

　ふだんのかかわりが少ない場合，駄々をこねることによって，親が叱るなどの感情的な注目をしてくれたとき，注目を得るために駄々をこねる行動が反復される可能性があります。

　教室でもこれと同じことが起こっていると考えられます。固まる行動が気にならない程度であれば，真理子さんと世間話をしたり冗談を言ったり，その他の場面をほめたりもできました。しかし，真理子さんの固まる頻度が増えたために，私もイライラしていました。そして限られた学校生活では時間的な制約もあり，彼女とのかかわりは固まる場面に限定されてきました。すると，固まる場面で叱られることも，彼女にとっては大切な「注目を得る場面」だったわけです。

7　気になる行動をするまでのステップ

　以上のことから，子どもが気になる行動をするようになるまでには，次のステップが考えられます。

> ステップ①　みんなから注目されたい，関心を払ってほしいと思う。
> ステップ②　注目されるべき適切な行動をする。
> ステップ③　適切な行動で注目が得られなかった。
> ステップ④　無視されたくないと思う。
> ステップ⑤　無視されるくらいなら叱られてもいい。

　真理子さんも考えてみれば，整理整頓が上手だったり，字が丁寧だったりするなど，適切な行動がたくさんありました。しかし，固まることばかりに私が注目してしまったがために，固まることが注目を得る手段になってしまって，気になる行動を助長させてしまいました。

　このステップにおいては，子どもが意識的に「よし，今日から叱られてやろう！」なんて決意するわけではありません。無意識的にスイッチが入れられるものだと思います。その証拠に，問題行動をしている子どもに「君は，先生に叱られたいの？」なんて聞いても，「うん」なんて認める子どもはいません。ほとんどの場合，当人は，わけもわからず行動しているのだと思われます。

8　気になる行動が繰り返される場合

　気になる行動には，注目，関心という「報酬」が関与しているために，繰り返されると述べました。そのことから，気になる行動が繰り返される場合は，次のような5つであろうと考えられます。

> ①　その行動が問題であると知らない場合
> ②　より良い行動を知らない場合
> ③　良い行動が無視されている場合
> ④　問題の行動に正の注目が得られている場合
> ⑤　問題の行動に負の注目が得られている場合

①，②は，教室のルールに関してよく見られます。私のクラスでも，ある男子が席をフラっと立って廊下へ出ようとしました。「どうしたの？」と聞くと，「トイレ」と笑顔で言います。「そういうときは，断るものです。『トイレに行ってきます』などと断りなさい」と教えてから，その子は断ってから行くようになりました。最近は，当たり前と思っていることが教えられていない場合もあるので，一から教える必要もありますね。そうした場合は，改めて教えます。

　③は，先ほどの真理子さんの例で述べました。良い行動もしているのに，それが無視されて問題行動に注目が集まると，注目が得られる方の行動の頻度が高くなります。

　④は，教室で図らずも行ってしまうことがあります。子どもが挙手をしている場面で，もう時間がきてしまっている場合に「あと3人で打ち切ります」などと言って発言を締め切りますよね。最後の子どもが発言し終わったとき，「先生，先生！」と4人目が挙手をします。そんなとき，「うーん，しょうがないなあ」と言って発言を許す場合です。きっと，彼は次も同じようなことをするでしょう。おもちゃ屋の子どもの例で，駄々をこねることでおもちゃを買ってもらった場合と同じです。問題となる行動をしているのに，こちらの判断の基準が曖昧だと，ついつい正の注目を与えてしまうことがあります。

　⑤については，真理子さん（仮名）の例で詳しく述べました。注意しても叱ってもその行動が繰り返される場合は，その注意や叱責などの負の注目が子どもの行動を認めている可能性があります。

9　問題行動にかかわればかかわるほど学級は荒れる？

　多くの教師は，子どもひとりひとりを大事にしたいと思っているでしょう。ひとりひとりに寄り添った学級経営をしたいと思っているでしょう。しかし，考え方や方法を誤ると，その個に寄り添う姿勢がクラスの荒れを導いたり，学級崩壊の原因になってしまうことがあります。

第3章　学級づくり「治療編」

私が見てきたクラスが荒れる道筋は次の通りです。

ステップ①　繰り返される問題行動。
ステップ②　①に対する注目の繰り返し。
ステップ③　問題行動をする子どもと教師の関係の悪化と，その子どもと他の子どもの関係が悪化。
ステップ④　注目が得られないことへの他の子どもの不満と，教師への信頼感が低下。
ステップ⑤　学級の秩序の崩壊。

ステップ①は，私語や立ち歩きなどの明らかな迷惑行為やルール破りだけではありません。すぐ泣いたり，真理子さんのように固まったりする消極的な行動も含みます。この場合の問題行動とは，教師の注意や関心を不適切な方法で引く行為を言います。

ステップ②は，私語や立ち歩きなどの積極的な行動に対する注意や叱責は，ある程度までは，子どもたちは支持をしてくれます。子どもたちもルール違反を何とかしてほしいと教師に期待するからです。しかし，あまりにも度重なると，もうお説教はいいから授業をしてほしい，通常の活動をしてほしいと子どもたちは願います。

また，それとは違って，課題をやらないなどの消極的な行動に対しては，子どもたちの見方は厳しいものがあります。真理子さんの例に見られるように，過度の優しい声かけや課題の免除などに対しては，子どもたちはすぐに不満をもちます。自分たちも教師に特別扱いしてもらいたいと思っているので，子どもたちは不平等な扱いに対して厳密な感覚をもっています。

注意や叱責を繰り返すと，当然，教師と該当する子どもとの関係が切れていきます（ステップ③）。それは消極的な行動の場合も同じです。泣いたり固まったりする子どもに教師は優しく諭したり，励ましたりします。教師の行為は寄り添っているようですが，教師はその子どもにけっして良い感情をも

っていません。イライラしたり，怒りを感じているのではないでしょうか。子どもも教師に関心があり，その注目を引こうとしていますが，教師の人格を尊重しているわけではありません。信頼関係では結ばれてはいないのです。

　また，繰り返される注意や叱責は，その子どもをクラスの厄介者にしてしまいます。その子どもの行為でクラス全体を叱ろうものなら，叱られた不満はその子どもに向けられます。「あの子のせいで叱られた」となってしまうのです。その子どもとクラスメートの関係がどんどん切れていきます。

　消極的な行動の場合も同様です。教師の関心を集める子どもには，他の子どもたちが嫉妬して関係が切れていきます。教師が良かれと思ってやっていることが，実は当該の子どもとの関係を悪化させ，子ども同士の関係も断ち切っていくのです。

　問題行動をする子どもだけを見ていると，もっと良くないことが起こります。繰り返される問題行動に教師がかかわる頻度が増えてくると，他の子どもたちの不満が高まります。彼らも，もっともっと教師にかかわってほしいと思っています。

　しかし，教師が問題行動をおこす子どもにばかりかかわっていると，他の子どもたちは自分に関心を向けない教師を信頼しなくなります。それがステップ④です。彼らの良い行動，適切な行動に注目がいかなくなるわけですから，教室から良い行動，適切な行動が減少していきます。教師はけっして問題行動をする子どもだけを見ているつもりはないのですが，子どもたちがそう感じてしまうのです。

　教室では信頼感の低下した教師の言うことが通りにくくなります。教師の指導力が低下し，教室の良い行いも消えていくという状態がステップ⑤です。これが進行したものが学級崩壊と呼ばれる現象です。

　他の子どもたちへの配慮を忘れた個へのかかわりは，学級崩壊への引き金を容易に引いてしまうのです。問題行動をする子どもだけに一生けん命になればなるほど学級は荒れるのです。

10 「原因探し」をやめよう

　ここまで，子どもの「問題行動」の分析の視点を述べてきました。子どもの「問題行動」には，私たち教師や周囲の子どもたちの注目や関心がかかわっています。

　それでは，なぜ子どもたちは注意や叱責を受けてまで，ときには学級の厄介者となってまで，注目や関心を欲しがるのでしょうか。その答えはすでに第2章で示しました。私たちが

> 居場所を求める存在

だからです（24ページ）。注目されることや関心を払われることは，居場所を実感する第一歩だと考えられます。したがって，子どもが教室で起こす行動は，居場所を見つけるための行為と考えることができます。

　そこで，私が提案したいのは，子どもの問題行動を考えるときに，「原因探しをやめよう」ということです。「どうしてこの子は，こんなことするのだろう」と考えると，おそらく行き着く先は，「家庭のしつけ」や「本人の性格」の問題になってしまいます。そうなってしまうと，教師のやれることがとても少なくなってしまいます。

　原因探しをすると，やがて子どもの問題行動の元となる「犯人探し」をし，ときには子どもを「悪者」にしてしまいます。「悪者」をつくると，それを批判したり，問題が大きいとあきらめたくなります。それは建設的な考え方とは言えないでしょう。

　そうではなく，子どもは「教室で居場所を見つけようとしている」のだと，子どもの行動を目的的にとらえるようにします。そうすると，問題行動をしている子どもは「適切な居場所の見つけ方がわからない」のだと捉えることができませんか。そのように考えると，私たちのやるべきことが見えてきます。

　そう，「適切な行動の仕方」を教えていけばいいのです。

11　トラブル対応のポイント

以上の分析を基にして，トラブルへの対応のポイントをまとめましょう。まず子どもの問題行動を考えるときに，次の3つのポイントを押さえます。

> ① 子どもの目的（居場所がほしい）を見据える。
> ② そのための適切な方法を見つけるための支援をする。
> ③ 子どもと信頼関係を結ぶ。

①と②についてはすでに述べました。③について説明しましょう。

近ごろの児童理解に疑問を感じることもあります。発達障害に関する知識が浸透してきたせいか，気になる子どもにやたらと診断名を付けたがる傾向があるように思います。それが本当の児童理解でしょうか。

たしかに，われわれ教師が障害などに関して学ぶことはとても大切なことで，継続していかねばならないことのひとつです。しかし，発達障害の診断を下すことは専門医でも難しいと聞きます。それを，少し勉強したからと言って医者の真似ごとをしていいものでしょうか。

指導がうまくいかないことや理解できないことを，診断名を付けることで安心しようとしているのではないかと思えてしまいます。実際に，「あの子は○○だから」と診断名が付いたがために，責任が回避されたような気になり，十分な対応がなされていないように思える事例を見聞きします。

気になる子どもの気になる行動が，障害かそうではないかは二の次の問題です。診断が必要ないと言っているのではありません。その子どもへの支援を考えるときに，もし，その子どもの特徴的な行動が障害から起こっているのであれば，診断に対応した支援策が必要です。

しかし，それよりも以前に子どもに「寄り添う」姿勢が必要なのです。ここで言う「寄り添う」とは，その子に特別に優しくしたり，指導に「手心を加える」ことではありません。信頼関係に基づいて支援することです。

気になる行動を「理解不能なもの」や「問題行動」と捉えて，いきなり指導

や矯正をしようとするよりも，まず，寄り添うための第一歩は，気になる行動を「問題」と捉えるのではなく，「特徴」と捉えて理解することです。教師が，ある子どもの行動を問題だと感じて支援していく場合は，上記の3点を踏まえて指導・支援します。

しかし，教室で起こるトラブルは，子ども同士の場合もあります。そうしたときは，どうすればいいのでしょうか。

子ども同士の場合も教師の対応は基本的に同じです。子ども同士のトラブルは，「居場所を見つけたい」という，願いと願いのぶつかり合いです。その願いのズレがトラブルとなって現れるのです。介入する教師がそのことをしっかりと認識していれば，大きく間違えることはないでしょう。

たとえば，AさんとBさんの間でトラブルが起こったら，双方の思いを聞き，それぞれの思いの

| 折り合いをつける |

ようにします。それぞれの居場所が確保されれば，双方は不必要な意地を張らずに済みます。しかし，この「折り合いをつける」ということがなかなか難しく，上手にできない子どもたちが多いようです。そこら辺が先生方の腕の見せ所となってくるでしょう。

次のページからは，トラブル解決，つまり学級づくりにおける「治療」の具体例を示します。ご自身の目の前のケースに当てはめながらお読みいただければと思います。

第2節 トラブル対応の実際

1 ルールが守られないとき

1 症　状

　学級が荒れてくるとルールが破られます。最初は，小さなことです。「持って来てはならない物を持ってくる」とか「時間になっても席に着かない」とかです。放っておくと頻繁になり，大きな問題となります。ここでは

　小さなことは大きなこと

と捉えるセンスが必要です。問題が小さいときは，教師が声をかけたり，注意したりすることで治まります。しかし，学級集団の規範意識が低下していたり，ルールを守る習慣そのものが欠落していたりすると，注意や叱責だけでは治まりません。たとえば，次のような状態のときです。

> この学校では，朝学習の時間には読書をすることになっていました。しかし，読書をしない子どもがいたり，それを大きな声で注意する子どもがいたりして，騒がしい状態が続いています。読書をするように何度か注意をしたり，叱ったりもしましたが，職員朝会のある日は，朝学習の時間は子どもだけになるので，朝読書が成立しません。

2 読書をしない目的

　朝読書が成立しない要因はさまざまあるでしょう。「読書が嫌いな子どもが多い」「読みたい本がない」などの読書そのものにかかわる要因。その他に，他者のルール破りを許せずに注意をする子どもの存在。ルールを守らせたい

と思っているでしょうから，行為はとても建設的です。しかし，たいていこのような学級では，人間関係が悪いので注意を素直に聞きません。注意に対する文句や苦情が出てけんかになります。こうなったら静かに読書をする雰囲気ではなくなります。子どもたちの目的は「嫌いな読書をしたくない」「注意をすることで学級を仕切りたい」「ルールを破ることで注目を引きたい」など，いろいろなことが考えられます。実際に子どもが言っていたのですが，「静かになるのが不安」ということもあるでしょう。これらひとつひとつの目的を理解していては，いつまでたってもルールが守られることはありません。

　ですから，ここでのポイントは，

> ルールを守りたい

と思わせることです。「ルールを守った方がいい」と全員に思わせることです。そう思わせることでしつけるひとつの方法です。

3　「行為の結果」を予測させ，体験させる

　子どもがルールを守れない状況があったら，「それを続けていたらどうなるか」を考えさせます。そして，それが自分たちにとって良くない状態であることを認識させて，ルールを守った方がいいと思わせます。そして，最後にルールを守った状態を全員で体験させて，その良さを実感させます。いろいろな場面で使える方法です。感情的にお説教する必要はありません。ひと言ひと言しっかり語り，間をとって考えさせながら進めます。

（1）注意を喚起する

　新しいルールであれ，既存のルールであれ，まず，ルールを全員に示します。この事例で言うと「朝学習には読書をする」というルールです。これは，新しいルールではなく，既存のルールです。しかし，守られていませんでした。だからルールを改めて示して「守ってもらいたい」と訴えます。

もし，ルールがなかったら，子どもと話し合ってつくります。そうした方がより守られます。たとえば，次のように投げかけます。

> 朝学習の時間に読書をすることになっているんだけど，どうも守られていないようです。守られていないと思う人は，どれくらいいますか？

と挙手をさせます。続けて，

> このままではいけないと思う人は，どれくらいいますか？

と聞きます。

　おそらく，ほとんどの子どもが手を挙げます。数名手を挙げない子どもがいるかもしれませんが，そっとしておきます。「ほとんどの人が，このままではいけないと思っているということですね。それでは，朝学習に読書ができるようにするためのルールをつくりませんか」と言えば，多数が同意するでしょう。後は，子どもからルールの案を集めて，より良いものをルールとして決めます。

　決まったら，四つ切り画用紙を縦半分に切って短冊を作り，ルールを書いて掲示するのがいいでしょう。これは既存のルールでも，新しいルールでも同じです。

（2）違反行為を知らせる

　教師にとっては常識でも，子どもにとっては常識ではないこともあります。ルール違反が許されてきた学級では，違反行為が何であるかを改めて示す必要があります。

　朝学習の時間に，職員朝会が終わって教室に入ると，読書をしていない子

どもを見つけました。そのときには，「○○さん，今，読書をする時間です」「○○さん，ルール違反ですよ」と指摘します。感情的に言う必要はありません。事実を知らせるのです。そうやっても，改善がなされない場合は，次の手を打ちます。

（3）行為の結果を知らせる

子どもたちに，自分の行いを続けていくとどうなるかを考えさせたり，知らせたりします。そうすることにより，自分たちの行いが良い結果をもたらさないことを実感させます。

読書ができていなかったら，その直後がいいでしょう。

> 今日も朝の読書ができない人がいました。読書は全員で集中して読む雰囲気が大事です。朝の読書は1日15分ですね。週に2回ですから，1週間で30分。1か月を4週間と考えて120分，2時間です。それが，4月から夏休みを除いて3月まで約11か月，2時間×11か月で22時間の読書です。他の学級では1年間に22時間の読書をしています。しかし，君たちはは0分。0は何か月たっても0です。今日のようなことをこの先も続けた場合，私たちはどうなりますか？

ここで言いたい子どもがいたら，話させます。「読書ができないクラスになる」とか「他のクラスよりも勉強ができなくなる」などと言います。読書と学習を関連付けている子どももいるので，こうした意見も出てきます。

しかし，こうした発言が出る学級は，結構「まとも」な状態です。荒れている場合は誰も発言しようとしません。発言させなくてもいいのです。

こうした話を子どもに問いかけるようにして，ゆっくり話します。黒板に数字や図を書いた方がわかりやすいでしょう。

(4) 行動プランを検討させる

　続けて言います。「ルールは,ひとりひとりが守ろうと思わないと守れません。ルールを守るためには,あなたは何をしますか」と問います。「ルールを守るためにどう行動するか」を考えさせます。紙に書かせてもいいでしょう。

　私は,その場で全員に言わせました。「静かに読む」「15分間席を立たない」「人に話かけない」などと言うでしょう。教師は,それを静かに,うなずきながら聞きます。全員の話を聞き終わったら「みんなが,今言ったように行動したら,きっと朝読書がちゃんとできるね。期待しているね」などと声をかけます。

(5) 良さを実感させる

　とはいえ,(4)で終わると,おそらく次も駄目である可能性が高いです。すぐに実行させます。トレーニングをします。「それでは,今,みなさんが,言ったことを,これからやってみましょう」と言って,ストップウォッチを取り出します。朝読書の時間は15分間です。しかし,子どもたちには15分間静かに読書をするイメージがありません。それを体験させることで,全員で成功したときのイメージをもたせるのです。

　「よーい,始め」と言って読書を始めさせますが,おそらく15分も持ちません。すぐに席を立ったり,話をしたりします。そのときは,「あー,残念,ルールを守れなかった人がいました。もう一度最初からやりましょう」と言い,最初から始めます。ここはあくまでも明るくやります。

　成功したらしっかりほめます。「さすがですね,君たちならちょっと努力すればきっとできると思っていたよ」と,君たちには力があるのだということを知らせます。ルールの指導は明るく,そして「ルールを守ると気持ちがいい」ことを実感させるようにすることが大切です。

　ルールを守る生活の良さが実感されると,ルールを守ろうという雰囲気が形成されます。

2 高学年女子のトラブル

1 症 状

　高学年女子についてよく言われるのが、女子同士のトラブルです。「にらんだ／にらまれた」「無視した／された」「仲間はずれ」「手紙回し」、そして「グループ化」など挙げればきりがありませんが、さまざまな人間関係に起因した問題が起こります。

　解決しようとかかわったのはいいのですが、介入の仕方を間違うと、女子から集団で反抗されることもあり、それこそ学級崩壊を招きかねません。かつては、若い男性教師特有の悩みだったことが、最近では女性教師にとっても大きな悩みになってきています。

2 高学年女子特有の行動の目的

　高学年女子特有の行動と言えば、「グループ化」です。でもグループをつくるのは、女子だけの専売特許ではありません。しかし、話題とされたり、問題とされるのは女子のグループ化です。男子のそれはあまり問題視されずに女子が問題視されるのはなぜでしょう。

　それは「指導が難しい」からではないでしょうか。問題が起こっても容易に解決できるならば、あまり気にならないでしょう。しかし、解決が難しいから私たち教師にとって「やっかい」な問題になっているのです。そこには、女子特有の事情があると考えられます。

　小学校において男子の場合は、「ゲームをするため」「サッカーをするため」ときには「いたずらするため」など、何かをするという目的をともなってグループ化することが多く見られます。いわば「仕事集団」みたいなもので、その仕事は「ゲーム」「サッカー」など目的が限定されています。それをしてしまえば、目的が達成されますから、いったんそこで解散です。ですから、そ

う「継続的」なものではありません。また，ゲームなどをすることが主たる目的ですから，あまりメンバーには意味がありません。気の合う，合わないがありますから，「誰々と一緒がいい」というくらいのこだわりはありますが，どうしてもという意識は薄いようです。だから比較的，誰でもグループに入れる可能性があるので「開放的」です。

それに対して女子の場合は，「一緒にいること」が目的です。一緒にいること，つまりグループ化は目的であり手段になっています。一緒にいることは，ゲームやサッカーと違って，何かをしたら終わりということはありません。

だから非常に継続的です。と同時に「超刹那的」です。「一緒にいること」は「実態のない仕事」ですから，ずっとしていることもあれば，一瞬で終わることもあります。女子の付き合いを見ていると，昨日まではベッタリと一緒にいたふたりが，今日は，「他人」のようにひと言も口をきかないなんてことがよく起こります。

また，「一緒にいること」は，メンバーがとても重要な意味を持ちます。だから「一見さんお断り」のように，自分の意志では簡単にはグループに入れないし，グループから出ることもできません。修学旅行や体験学習で誰と同じ部屋になるかは，女子の間ではまさに「死活問題」です。なかなか決まらなくて苦労された方も少なくないのではないでしょうか。そうした意味で，女子のグループはとても「閉鎖的」です。

それでは，女子が「一緒にいること」には，どのような意味があるのでしょうか。それは，

| 居場所を確保すること |

です。グループは彼女たちとっては，何よりも大切な居場所です。グループを形成することで自分の存在を確かなものにしようとします。ですから荒れた学級や侵害行為を受けがちな学級では，より強固なグループをつくります。居場所を守るために攻撃的になり，排他的になるのです。逆に言えば，落ち

着いた学級では，グループは形成されるものの他を攻撃したり，他を排除したりすることはしません。

　居場所が人にとってとても重要な意味をもつことは24ページで述べました。女子にとってはグループはかけがえのない居場所です。教師にちょっとやそっと指導されたくらいでは，考え方や行動を改善しません。それどころか教師の指導がグループの利益に反すれば，集団で反旗を翻すこともあります。女子のグループ化は，私たちの根源的な欲求に深く結びついた行動ですから指導が難しいのです。

3　見方を変える

　ともすれば女子がグループでいるだけで，「悪いこと」と見なしてしまいがちです。私たち教師は，子どもたちのより良い人間関係を望んでいますから，偏った人間関係は学級づくりにおいては適切ではない状態と見えます。しかし，女子がグループ化することとグループ化して起こす不適切な言動とは分けて考えた方がいいでしょう。女子のグループ化はどうしても起こります。ですから，

> グループ化を否定しない。

　先ほど述べたとおり，グループは彼女たちの居場所です。グループを否定し，解散させようとすればするほど結束は強くなります。「いつも，一緒にいるねえ」と嫌みを言ったり，「たまには他の人たちとも遊んだら」などと不用意に言うと反感を買ってしまいます。そもそも，グループ化が必ずしも悪いわけでありません。仲の良い者同士が一緒にいることは極めて自然なことです。自然なことにブレーキをかけることは，とてもエネルギーが要ります。それよりもグループを認め，学級づくりに生かす方にエネルギーを費やした方が得策です。

　グループでいることを否定しないと学級に貢献するような行動もします。

たとえば配り物を「先生，私たち配るね」なんて配ってくれたりします。そんなときは，「ありがとう」と心から言いたいものです。グループで行おうと一人で行おうと，良いことは良いこととして積極的に認めていきます。彼女たちも否定されたり存在を脅かされるから，閉鎖的になったり攻撃的になったりします。認められればそうした不適切な面を出さないでしょう。

4　ニーズを受け止める

　高学年女子の指導の難しさは，グループ化だけではありません。

　低・中学年なら子どもから訴えがあったときに，しばしば教師が積極的にかかわることで功を奏することがよくあります。それは，「先生に何とかしてもらいたい」と子どもも期待しているからであり，子どものニーズに応じた行動だからです。しかし，高学年の女子は，そうしたニーズばかりではありません。だから，きちんと子どものニーズを受け止めることが大事です。

> 　6年生のえりかさん（仮名）が，放課後，なかなか帰ろうとしないので，声をかけると言いました。「なんか，おかしいんだよね，先生。私，無視されているみたい……」と言いながら涙を流し始めました。「何か，あったのかい？」と聞くと，地域の祭りに，仲良しのAさんBさんと一緒に出かけたけど，ふたりが自分には全然話しかけないで，話しかけてもちゃんと話してくれなかったというのです。

　ここで「気のせいだよ」とか，「ふたりの気持ちを確かめてみたら」などと突き放さないことです。それができたら教師のところに来ていません。だからと言って，「じゃあ，明日，ふたりを呼び出して話をしてみよう」などと言わないようにします。えりかさんはまだそこまで望んでいません。

　訴えてきたということは，まず，気持ちを受け止めてほしいということです。彼女は，今どんな気持ちなのでしょう。彼女の気持ちとして「悲しい」

「混乱している」「不安」「心配」などが考えられます。まず，聞き手である教師が，相手の気持ちを受け止めるように言います。

> 仲間はずれにされたようで不安なの？

　最後は，「の？」と聞くようにします。不安と判断したのは教師であり，えりかさんではありません。「わかったつもり」は禁物です。「そんなことされたら，やだよね」「悲しいよね」と決めつけないことです。いくら教師を頼ってきたからと言って，気持ちを決めつけられるのは迷惑なことです。
　そこで「あなたの気持ちを，考えていますよ」というメッセージを伝えます。恐らくそこでうなずきます。もし，違ったら，「どんな気持ちなの？」と聞けばいいのです。それで，「つらい」と言ったら，「そうかあ，つらいんだ」と受け止めます。子どもの気持ちに共感してから，解決のための話し合いをします。そこでさらに聞きます。「えりかさんは，どうしたいの？」彼女は答えないかもしれません。そうしたら，「明日，ふたりに話をしてみる？　それとも様子を見る？」と選択肢を示します。そうしたら，子どもが選択した行動について支援します。
　えりかさんは，「様子を見る」ことを選びました。帰るときには，笑顔になっていました。次の日，私が「どうだい？」と声をかけたら，Ｖサインをして通り過ぎて行きました。

5　固まる圧力を体験させる
　女子がグループを形成すると，とにかく一緒にいます。トイレに行く，教室を移動する，おしゃべりをする，その子たちは仲良く楽しそうですが，他の子どもたちから見るとあまりいい光景ではありません。しかし，一緒にいる子たちは，悪いことをしているつもりはありません。そこでいくらグループでいることを認めると言っても，集団でいることが他の子どもにとっては

「圧力」になることを教えておくことも必要です。そんなときのお奨めがこれ。

> こそこそ話のロールプレイング。

　4人くらい協力者を募って前へ出てもらいます。さらに，もうひとりの協力者を募り，さっきの子どもたちとは少し離れたところに立たせます。この子を仮にAさんとします。4人には，顔を見合って，「適当におしゃべりしてて」と言います。その様子をAさんに見させて何を感じたか問います。おそらく，その子は，「良くない感じ」を受けます。そして次に，4人の女の子に「話している途中に，離れている子をちょっと見て，見た後も同じように話し続けてください」と言います。そして，その様子について，先ほどの子に感想を言わせます。今度は，「自分のことを言われているようで嫌だった」などと言うでしょう。席に着いて見ている子どもたちにも感想を言わせます。同様の感想が聞かれるはずです。そこで次のように言います。

> 自分のことを話しているわけではないのに，固まって話しているだけで周りの人は不安になったり，嫌な感じを受けてしまうことがあります。友達と仲良く一緒にいることは良いことだけど，周りの人の感じ方も考えてほしいのです。さてここで，Aさんを嫌な気持ちにさせないためには，どうしたらいいでしょう。

　先ほどの4人にやってもらってもいいし，新たに協力者を募ってもいいでしょう。私の学級の場合では，私が「はい，スタート」と言うと，少ししゃべった後，ちらりとAさんを見たひとりの子が，「あ，Aちゃん！」と言って手を振り，手招きをして輪の中に入れました。そこで改めてAさんに「どう，今度は？」と聞くと，「仲間に入れてもらったので嬉しかった」と笑顔で答えました。周りの子にも感想を聞くと，「安心した」「自分もそうしてほしい」

などの声が聞かれました。しかし，これで終わりにしません。もう一段階ステップを踏みます。今度は別の子どもたちに協力してもらいます。

> おしゃべりに夢中になっていたら，ひょっとしたらさっきのように気付いてもらえないかもしれません。すると，Aさんは，先ほどのように不安になりますね。何の話しているんだろう？　自分かな？　自分のことだったら嫌だなって。そのままにしていたらAさんは不安なままですね。Aさんはどうしたらいいでしょう？

子どもたちに考えを聞きます。「何を話しているの？　と聞く」「あ，私も入れてと言う」などが出ます。実際にやってくれる子を募ってやってもらいます。何人かにやってもらうのがいいでしょう。最後にこう言います。

> 何人かで話している人たちは，周りの人の気持ちを考えることが大事です。自分たちの話に夢中になって，周囲を不快な気持ちにさせていないかどうかを考えてほしいのです。また，見ている方も心配になったら，嫌な気持ちを抱えていないで，勇気を出して聞いてみましょう。お互いにちょっとがんばればきっと気持ちよく生活できるはずです。……でもね，どうしても自分の力では駄目なときは，遠慮なく先生に相談してくださいね。

ひとりひとりの子どもはグループの前に無力です。だから全体指導をやっておくことが必要です。グループの中にいる子は，安心しているのか耳を閉ざしているのか，周囲に無頓着なところがあります。教師がこうした行動パターンがあることを知ることで，子どもの救いになることがあります。

3 キレる

1 症 状

　4年生のこうすけ君(仮名)は，気に入らないことがあると感情を爆発させます。給食のデザートのジャンケンで負けたと言っては涙を流して怒り，社会科見学していて並んでいるときに割り込まれたと言っては見学先の係の方の前で怒鳴り，大好きな読書が中断されたと言ってはゴミ箱を踏みつけて壊すようなことをします。授業中も休憩時間も関係なく暴れるので，他の子どもも彼と距離をおいてつき合ってます。

　このごろでは，こうすけ君のような感情をコントロールすることが苦手な子が増えたと聞きます。彼は怒りを激しくそして頻繁に爆発させます。そのため，学級の落ち着いた雰囲気がなかなか形成されませんし，授業の運営にも支障を来すことがあります。

2 キレる目的

　こうすけ君が感情を爆発させるときには，あるパターンがあることがわかりました。ゴミ箱を踏みつけて壊したときは，読みかけの本を友達に取り上げられたときでした。給食のときは，ジャンケンで負けたときでした。つまり，自分の欲求が中断されたときです。闇雲に爆発させているわけではなく，ちゃんと「きっかけ」がありました。

　しかし，それ以上に特徴的なのは周囲の反応でした。それは，反発と服従です。彼がゴミ箱を壊したときは，一斉にみんなが騒ぎ出したり，彼を制止しようとしたそうです。どさくさに紛れて彼に蹴りを入れたり，パンチをした子どももいたようです。

　また，彼が給食のデザートのジャンケンで負けたとき，勝った子が「いいよ，こうすけ，譲るよ」とデザートを譲ろうとしました。彼が，感情を爆発

させると要求が通ってしまっていたのではないでしょうか。つまり，問題の行動に正の注目が与えられていたのではと考えられます。では，なぜ彼は，悪口を言われてもパンチされても暴れるのでしょうか。

彼は，そうした行動を繰り返してきたため，学級では「浮いた存在」です。友達がいない状態なわけです。しかし，感情を爆発させると，実に多くの子がかかわってきます。周りが大騒ぎしてくれるわけですから，そのときには学級の主役になります。彼はもちろんそんなことを快いと思っていませんが，無視されるよりはずっといい状態なのでしょう。つまり，問題の行動に負の注目が与えられていたわけです。

彼が，感情を爆発させるのは，注目を得るためだと考えられます。

3　注目を断つ

こうすけ君が今日も，デザートジャンケンに挑戦してきました。大人気のプリンです。大勢の子どもが参加しました。こうすけ君は，今日は運良く，最後のふたりになりました。「ジャン，ケン，ポーン！」彼は，見事に負けました。

すると，「うー」と唸りだし，地団駄を踏み始めました。それに気づいた相手の子がプリンを差し出し，「いいよ，こうすけ」とプリンを譲ろうとしました。こうすけ君の涙はぴたりと止まり，笑顔で受け取ろうとしました。

そこで，私は「ちょっと待って，君の気持ちはとっても素敵だと思うけど，ジャンケンで負けた大勢の人たちは納得しないよ。勝ったんだから堂々と食べた方がいいよ」と言って，プリンを持って席に着くように言いました。

こうすけ君は黙ってはいません。暴れ出しました。私は，「ジャンケンには従おうよ」と言って，手をつないで彼を廊下へ出しました。他の子どもに注目させないためです。廊下へ出して「落ち着いたら教室に入っておいで」と言って教室へ戻ります。彼が落ち着いて教室に入ってきたら，黙って笑顔で迎えます。

4 落ち着いたら話を聞く

　昼休みにある子どもが私を呼びに来ました。「こうすけ君が，また，暴れている」と言うのです。教室に行くと，教室に備え付けのコンピュータを前にして男子数名と言い争いをしていました。こうすけ君に向かって「やめろ！やめろ！」と言います。私は，まず，その子たちに「大丈夫ですから，もういいよ」と言って静かにさせました。こうすけ君は，その子たちに向かっていこうとしていたので，捕まえて ふたりで廊下に行きました。

　「ちょっと，落ち着こう，落ち着いたら話を聞くから」と言って，しばらくそっとしておきました。落ち着いてから「何があったの？　こうすけ君が何にもなくて怒るわけないからさ」と言うと，彼はポツリポツリと話し出しました。

　昼休みにコンピュータのゲームをしているときに，自分の番が来たときに，後ろにいた子たちに「落ちろ，落ちろ（早く，ゲームを終わってほしいという意味）」と言われてカッとしたとのことでした。そこまで聞いて，「そうなんだ。それは，嫌だったね。こうすけ君が怒るのも無理ないね」と言いました。相手の子どもたちに話を聞くと，そういうことがあったと言うので，彼らは謝りました。

　ここでのポイントは，ふたつあります。ひとつは，

> 怒りを否定しない

ことです。こうすけ君は，怒りの表現方法が他の子どもよりも激しいだけで，やみくもに腹を立てているわけではありません。怒りの感情は自然なことなので「怒っちゃダメ」とは言いません。怒ってもいいのです。怒り方をちょっと考えてもらいたいだけです。

　もう ひとつは，

> 落ち着いたら話をきちんと聞く

ことです。こうすけ君だけでなく，おそらく，感情のコントロールが苦手な子どもたちの多くが，ちゃんと怒る「きっかけ」をもって怒っているはずです。落ち着いたらきちんと話を聞いて対処することです。

　なぜ，怒っているときには放っておくかというと，怒っているときに対応すると，それが「注目」になるからです。感情的になっているときにかかわることは，感情的な行動を助長する可能性があります。そうではなく，落ち着いてから話を聞くことで，落ち着けば注目が得られると認識させるようにします。

5　怒りを助長しない学級へ

　こうすけ君の感情的行動を助長させた要因として，学級の子どもたちの行動が挙げられます。こうすけ君が暴れると大勢で騒ぎ立てることで，その怒りを助長していたと考えられます。怒りを助長しないような学級の雰囲気をつくるために，こうすけ君が暴れたあとに全体指導をしました。

　　私　　　「こうすけ君に注意してくれてありがとう。でも，注意してどうだった？」
クラスの子「聞いてくれなかった」
　　私　　　「何度も言ってくれたんでしょう？　聞いてくれた？」
クラスの子　首を振る
　　私　　　「どんな気持ちになった？」
クラスの子「嫌だった」
　　私　　　「ところで，注意される方もさ，何度も同じことを言われたら，どうだろう，どんな気持ちがする？」
クラスの子「むかつく」
　　私　　　「聞く気になるかな？」
クラスの子「そうだね」

私　「注意することは良いことだと思うけど，今日みたいなやり方だと，注意する方も，された方も嫌な気持ちになるね。どんなふうに言えばよかったかな」
クラスの子「優しく言う」「しつこく言わない」

　ここで実際に言わせてみるのがいいでしょう。具体的な言葉を伴った方が，よくわかります。適切な声かけを確認したら，最後にこう言います。

> やってはいけないことをする人は良くないし，それに対して声をかけてくれるのはとても良いことだと思うよ。でも，お互いに不愉快になってしまったら，問題は解決しないよね。もし，今日，決めたようにやってもうまくいかなかったら，怒鳴り合う前に，先生を呼びに来てくださいね。

　このようにして，怒りを助長しないように学級のルールを決めておくといいでしょう。

… 第3章 学級づくり「治療編」

4 反抗する・茶化す

1 症　状

　6年生の巧（たくみ）くん（仮名）は，何かにつけて反抗します。時間になっても学習用具を出さないので，「出しなさい」と言うと「ヤダね」と言います。少し強く言うと「うるせえ」と聞こうとしません。学習時間には教科書を開かず，ノートを出すこともありません。

　また，6年生の良太くん（仮名）は，自分の関心のないことはほとんどしません。国語，算数などの学習はそこそこやりますが，音楽や図工はとてもいい加減です。運動会の準備や掃除などは「なんでそんなことしなくちゃいけないんですか？」と最初からやろうとしません。友達が良い行いをしてほめられると「あー，えらいえらい」と茶化します。

　どちらの子どもも教師がちょっとやそっと叱っても言うことを聞きません。

2 彼らの目的

　巧くんの教師への反抗的言動は，以前からあったそうです。中学年のときから理科専科の先生に「おい，オヤジ！」と呼びかけ，「先生に向かって，その言い方は何だ！」と怒られてもまったくひるむことはなかったそうです。

　また，一方の良太くんの「冷めた言動」も昨日今日に始まったことではなく，以前からだそうです。一日中，つまらなそうなふてくされたような顔して自分の席に座っています。口を開けば，「あー，やってらんねえ」と言うものですから，クラスみんなで何かをやろうとか，がんばろうとかいう雰囲気にブレーキをかけてしまいます。

　彼らがそうした行動をする目的は何なのでしょうか。そこには，再三申し上げている「注目」が関係しています。

　巧くんは，転入生で，転入当時から「いじめ」を受けたそうです。6年生

になっても，彼はいじめられている実感をもち，そのため親しい友人もいません。彼は学校において，心の置き場や居場所がないわけです。また，そんな自分を救ってくれない教師に対して強烈な不信感をもっていました。彼の教師に対する反抗心は，彼のやり場のない怒りだったかもしれません。

　そんな彼が，他者の関心を一心に受けられたのが，教師に反抗しているときだったのではないでしょうか。教師の指示に，「ヤダね」と言えば，当然，教師は小言を言ったり，叱ったりします。その時間は，教師の「注目」を独占できるわけです。

　彼がそれを繰り返せば，クラスの子どもたちも彼を「厄介者」として認めます。なかには，英雄扱いしてくれる子も出てきます。いじめられっ子の転入生よりもよほど認められる存在になるわけです。でも，そんな彼と本気で友達になろうと思う子どもはいないので，彼の孤独感は続き，そして彼の反抗的言動も続くわけです。

　良太くんはというと，彼が「やってらんねーよ」みたいなことを言うと，失笑とも苦笑ともとれない妙な笑いが起こります。だれかが良いことをすると，周りの男子が声をかけました「おい，良太ぁ」。すると彼は，「あー，えらいねえ」と言いました。それも冷ややかに。するとその男子は，クスッと笑いました。

　良太くんも人間関係づくりが得意ではありません。5年生に上がるときのクラス編制で，それまで仲のよかった子と離れてしまいました。それ以来，1年間，親しい友人がこのクラスでできなかったそうです。もともと彼は冷めた態度を持っていたのでしょう。それが，このクラスでは，彼にとって友達の注目を得る手段になってしまったようです。彼は，冷めた態度をしながら，クラスメートの期待する役割をけなげに演じているように思えました。

　巧くんの攻撃ともとれる反抗的言動も良太くんの冷めた言動も，教師やクラスメートの「注目」を得るためのひとつの手段だととらえることができます。

3 不適切な言動に注目せず

　彼らの不適切な言動に報酬を与えている状況を是正しなくてはなりません。

　授業が始まりました。巧くんの机の上には何も出ていません。「巧くん，学習用具を出してください」と言いました。しかし，「ヤダね」の返事。それで「ノートと教科書を出そうよ」と言ったけど「なんで，出さなきゃいけないんすか？」と挑発するように言いました。そこで，「そうかあ，じゃあ時間だから授業始めるね」と言って，さっさと授業を始めてしまいました。

　彼は何かを言いたそうでしたが，私が完全に授業モードに入ってしまったのを見て，机に突っ伏して寝てしまいました。以前は彼が説教されている間は，しばしば中断したこともあったそうです。彼が学習に不要な物を持っていても，関係のない話をしても取り合いませんでした。授業時間が始まったら，自分の関心を学習している子どもたちに移して授業を進めました。

　良太くんの場合は，茶化す言動をしても，巧くんのように面と向かって反抗はしてこないので「対決」しました。良太くんの場合は，本人よりも彼の言動を喜ぶ周囲の方が重要な問題です。

　帰りの会で，私がある子どもの良い行いをほめました。すると，良太くんは，「あーえらいね」と一言言いました。私は，「良太くん，立ちなさい！」と厳しい表情と口調で言いました。

> 私は，今のあなたのような言動を許さない。君が言ったようなことを放っておいたらどうなる？　だれも良いことをしようと思わないだろう？

　そこまで言って，視線を他の子どもたちに移して「さっきの良太くんの言葉が嫌だと思う人は手を挙げなさい！」私の激しい口調に気圧されながらも全員が手を挙げました。

> いいかい，みんな覚えておいてほしい。私はこのクラスを良いクラスにしたい。○○さんのような良い行動があふれるクラスにしたい。それを邪魔するような，つまりクラスが駄目になるような言葉や行動は許さないからね，良太くんも覚えておきなさい。

とそこまで一気に言って，良太くんを座らせました。

4 適切な言動に注目する

　不適切な言動に注目をしないことだけでは，問題のある子どもたちとの関係が切れるばかりです。彼らと信頼関係を構築しないことには，彼らを指導することはできません。適切な言動を指導しながら，信頼関係をつくるようにします。そのためには，

　　長所・能力に注目する

ことです。問題となる行動の多い彼らですが，学校に来てから帰るまで，すべての面で不適切なことをしているわけではありません。適切な言動も必ず見られるはずです。そこに注目します。

　巧くんは，突っ伏して寝ていたかと思うと，授業中，突然，部分的に発言するようになりました。結構，的を射ていたので「鋭い意見だねえ，次は手を挙げて言ってくれるかな？」と言いました。不規則発言はその後も続きましたが，そのたびにそのことは責めず，手を挙げるように促し，発言をほめました。すると手を挙げて発言するようになりました。

　また，彼は手先がとても器用でした。物を分解したり，組み立てたりすることが大好きでした。クラスの鉛筆削りが壊れたりすると「悪いけど，これ，直してくれないかなあ」というと，照れたような面倒くさそうな表情をしな

がらも，直してくれました。「ありがとう，すごいなあ，やっぱり頼んでよかった」などと，素直に感謝や喜びを示しました。そうすると彼は，はにかみながらまんざらでもなさそうな顔をしました。

また，良太くんは国語・算数・理科・社会などの受験に直接かかわるような教科の学習には，それなりに参加します。そこでのがんばりはもちろん積極的に認めていきます。しかし，なかなか音楽や図工などには真面目に取り組もうとはしません。図工では最初は普通にやるのですが，途中で落書きを始めてしまいます。どうも友達の目が気になって真面目にやれないようです。

そこで真面目にやっている，ほんの数分に注目することにしました。

絵を描き始めてすぐに彼のところへさり気なく行きました。すると，まともに木を描いていました。そこで，「あ，この木，いいね。線がとても丁寧だよ」と声をかけました。彼は，一瞬，ぎょっとした顔をしましたが，また，いつもの無表情に戻りました。次に彼のところに行ったときにも，描いた部分のなかで丁寧な線で描かれた部分をほめました。「うん，これもいい」と彼の近くを通るたびに，彼の絵のなかで丁寧にできている部分を指摘しました。

すると，ふざけ始める時間になっても彼は落書きをしないで，とうとう最後まで「おふざけ」抜きで仕上げました。そばにいた子が「良太，うまいじゃん」と思わず言うと，良太くんは下を向いて真っ赤な顔をしました。

5　注意，叱責以外の言葉がけを増やす

巧くんや良太くんのような子どもには，どうしても注意や叱責が多くなってしまいがちです。そうした教師の対応にうんざりしている彼らは，最初から教師に対してけんか腰だったり，素直さに欠ける態度だったりします。それを重ねて注意したり指導したりすると，子どもと教師の関係は悪化します。関係が悪くなると，ますます注意指導が増えるというように悪循環ができあがってしまいます。教師はよかれと思って声をかけていても，子どもはそうは思ってくれません。「この人は俺のことが嫌いなのだ」と思ったら，いかな

る指導も子どもの心の中には入りません。

　そうしないために適切な言動を積極的に見つけ，認め，ほめるようにします。そして，「私はあなたを認めています」というメッセージを伝え続けます。子どもがそれを自覚したら，必ず，態度が変わってきます。意外と我々教師は，気になる子どもへの言葉がけが注意や叱責に偏ってしまっていることに気づきません。教師が注意したつもりがなくても，関係が悪いと注意されたように受け取ってしまうことがあるからです。指導しにくい子どもがいたら，その子への言葉がけの内容をチェックしてみる必要があります。

6　感情を伝える

　注意や叱責をしてはいけないというのではありません。しかし，信頼関係ができていないときに注意しても叱っても，反発を受けるだけです。

　次の言い方を比較してみてください（たとえば，子どもが他の子どもの悪口を言ったとします。この場合，言った側に明らかに非があります）。

> どうして，そんなことを言ったんだ？　いいと思っているのか？　言われた人の気持ちを考えてみなさい。

> 君がそういうことを人に言っていると，君とクラスの人たちとの関係が悪くなってしまいそうで心配なんだ。人を傷付けるようなことは言わないで欲しいんだ。

　受け取り方が違いませんか。後者は，「Ⅰ（アイ）メッセージ」を使って伝えています。「Ⅰ（アイ）メッセージ」では相手の行為を非難するのではなく，「私は」を主語にして，「～と思う」と自分の感情や思いを伝えます。反抗的な子どもは，責められることに敏感で，責められた瞬間に心を閉ざしてしまいます。信頼関係をつくる途上では，こうした伝え方が有効です。

5 乱暴な言葉

1 症　状

　「死ね」「うざい」「殺す」。子どもの乱暴な言葉遣いにドキリとしたことは，ありませんか。4年生のあやみさん（仮名）もそうした言葉をよく言います。彼女のそうした鋭い言葉に傷つけられた子どもは大勢います。最初出会ったときに，初対面の私に「先生，その服，変だね」「先生って，意外とおやじだね」などと言うので少し気になりました。しばらくすると彼女に嫌なことをされた，嫌なことを言われたなどの訴えが「噴出」するように聞こえてきました。

2 乱暴な言葉の目的

　彼女の前担任に聞くと，彼女のそうした言動は，昨日や今日始まったものではなく，従来から見られたそうです。彼女の目的はズバリ「注目を得ること」です。彼女は人をチクリと刺す言葉を言うと，周囲の人々が反応することをちゃんと知っています。おそらくそうした言動で人を従えたり，人に関心を持ってもらったりしてきたのでしょう。彼女と付き合っていると，そのキツイ言動や元気な振る舞いの一方で，とても繊細で傷つきやすい面を持っていることはすぐにわかりました。彼女は教室で安心できないのでしょう。

　もともとそうした言動をするところを持っていたのかもしれません。しかし不安感を解消するために，手っ取り早く注目を得たり，人とかかわったりできる方法として，乱暴な言動をしていると考えることができました。

　これは，「気になる言動が繰り返される場合」（113ページ）の②「よりよい行動を知らない場合」と④「問題の行動に正の注目が得られている場合」に当てはまります。彼女はもっと適切な言動をすることもできるのですが，そうした行動パターンをあまりもち合わせていないようでした。また，乱暴な言動で言うことを聞かせたり，関心を得たりしていました。

3 適切な行動のレパートリーを増やす

彼女は他者の意向に構わず物事を進めてしまうところがありました。たとえば，グループでポスターを描いていたりすると「ここ，赤ね」と色を決めてしまったり，「ここにイラスト描くね」と決まっていないことをやってしまいます。ですから，彼女のいるグループからは必ずと言っていいほど訴えが起こります。

そこで，コミュニケーションルールの「輪になろう」（33ページ）「交代で話そう」（35ページ）をもう一度確認しました。グループを集めて，「ねえ，輪になった？ グループで話すとき，仕事をするとき，まず輪になったかな？」と聞きました。子どもたちは「うん」とうなずきました。これは，以前に教えていたので出来ていたようでした。

次に「じゃあ，みんながしゃべったかな？」と聞くと，返事がありません。訴えてきた子どもに聞くと，「あやみちゃんが，勝手に決めた」と言います。「そうなの？」と聞くと，「でも，言わないから」とあやみさんが言いました。あやみさんに，みんなに「〜してもいい？」と聞いたかと聞くと，首を振りました。「あやみさんさ，みんなで仕事しているんだから，みんなにそれをしてもいいかどうか聞いた方がいいね」と言うとうなずきました。

他の子にも聞きました。「他の人は意見言ったの？『ここ何色にしよう！』とか言ったの？」と聞くと，「言っていない」と言います。そこで，

> 君たちも言った方がいいね。みんな仕事をしているんだからね。あやみさんがやるのを黙って見ていて，終わってから文句を言うのは「なし」だよ。

と言いました。

あやみさんは，賢い子どもでした。それから，何度か訴えられることがありましたが，そのたびに，こうした指導を繰り返すとだんだんと「そうした

方が受け容れられる」しかも「気分がいい」ことを学び，行動を起こすときには「いいかな？」とか「〜してもいい？」と聞くようになりました。

4　正の注目を与えない

　気になる行動が他者の迷惑にならないことなら，その行動を放っておくなど注目を与えないことで自力解決させることができます。しかし，他者を傷つける場合は放っておくことはできません。早急に止めなくてなりません。

　子どもの訴えにより，あやみさんが男子に悪口を言ったり，つねったりなどの身体的な苦痛を与えていることがわかりました。あやみさんと相手の男子を呼びだし，あやみさんに聞きました。

> ねえ，あやみさん，何で呼ばれたかわかる？

　すると，あやみさんは私と彼の顔を，両方見るとすぐに「悪口を言っています」と言いました。「それだけ？」とさらに聞くと，「つねったりしてる」と自分のやっていることを話し始めました。「あなたそれを続けるつもりかい？何度も言ってきましたが，先生はそういうことを絶対に許しませんよ」と少し語気を強めて言いました。彼女は，目に涙をためて謝りました。

　おそらく彼女は，その男子に「淡い思い」を抱いていたのだと思います。かかわりを持ちたかったのでしょう。しかし，適切なかかわりがもてなくて，手っ取り早くかかわりがもてる行動パターンに出たのです。不適切な行動（意地悪）で，望む結果（彼とのかかわり）を得ていたことに気づいたのか，それをやめました。

5　適切な行動に注目する

　彼女の行動の根っこにあるものは，「不安」です。彼女が安心して教室にいられるようにしないと本当の解決にはなりません。

実際にアンケートを取ってみると，彼女によって傷つけられる子どもも多いのですが，彼女が侵害行為を受けている実感も高いのです。彼女も人間関係に自信がない子どものひとりなのです。

　他の子どもは彼女のこれまでの言動で，彼女のことを「意地悪な子」「自分勝手な子」と思っています。そのことは彼女も知っています。その思いが余計に彼女を不安にさせます。そこで彼女の適切な言動を探して彼女自身や他の子どもに知らせます。

　彼女は休んでいる子どもの机の上のプリントを整理してくれたり，ゴミが落ちていると，何も言わなくても拾ってくれたりします。とても気の利く子どもです。また，怪我をしている子どもには「大丈夫だよ，きっと治るよ」発表を控えた子どもには「がんばってね，できるよ」などと声をかけることができるあたたかい心の持ち主でした。そうした言葉を帰りの会で「今日のふわふわ言葉」のようなコーナー（52ページ）をつくって紹介したり，直接本人に「あたたかい言葉だね。先生嬉しかったよ」などと言って知らせました。

　彼女にそういう面があることがわかってくると他の子どもの対応も変わってきました。今までは彼女のひと言ひと言に，いちいち反応し，訴えてきていた女の子に，

> あのさ，あやみさんのことだから，あなたのこと本気で嫌ったりしているわけじゃないことわかるでしょう？

と言うと，「うん，そうだね」と言って笑顔でうなずき，「先生，やっぱりいいよ」と言って遊びに行ってしまいました。

　言葉遣いのトラブルは，教師の見えないところで細かく起こるのでやっかいですが，丁寧に指導していくことで変化や成長が見られるでしょう。

6 いじめ

1 症 状

　気は優しくて力持ちの6年生のりょうすけ君（仮名）が，廊下で激しく泣いていました。そんなに感情をあらわにする方ではないりょうすけ君です。「何かあったのかい？」と聞くと，同じクラスのあきら君たちに殴られたと言います。

　りょうすけ君を連れて教室に帰って，あきら君に事情を聞きました。すると，かかわっていたのはあきら君の他に男子7人でした。まず，あきら君が廊下でりょうすけ君をからかって泣かしたそうです。そこを通りかかった男子6人が，おもしろそうだからみんなでパンチしたりキックしたりしたとのこと。

　りょうすけ君は昨年からそうした暴力を受けたり，バカにされるなどしていたようです。

2 「いじめ」の目的

　この学級では女子のくつ隠しや男子の暴力行為などが頻発し，ルールが壊れてしまっていました。授業中に私語もありました。おそらくこれまでも，いじめ，差別，暴力はいけないという指導はされてきたと思います。しかし，子どもたちはその指導を受け取る状態にはなかったのではないかと思われました。

　これはおそらく「気になる行動が繰り返される場合」（113ページ）の①「その行動が問題であると知らない場合」と考えられました。「おもしろそうだから殴った」と，あっけらかんと言えるということは，ふざけ合いの延長だと思っているようでした。まったくりょうすけ君の「痛み」に無頓着な姿がそこには見えました。

3 居場所を奪う

　私は猛然と怒りを覚えましたが，それをそのまま子どもたちにぶつけても伝わらないとも思いました。きっと今までも，叱られてきたはずです。でも，伝わらなかったのです。しっかりと「そういう行為は許されない」と伝える必要があります。

　子どもにとって学級での究極の目的は「居場所探し」です。居場所を奪われることが最もつらいことです。りょうすけ君は，7人ものクラスメートから暴行を受けたのですから，居場所を奪われたも同然です。体の痛み以上に心のダメージが大きかったことでしょう。その痛みを彼らにもわかってもらいたいと思いました。

　教師に叱られるのは慣れっこの子どもたちです。しかし，クラスメートに批判されるのはつらいはずです。子どもたちには数日前の学級開きのときに，「いじめ，差別は許さない」と言ってあります。今度は子どもたち自身の口で言ってもらいたいと思いました。7人を黒板の前に立たせました。語調を強めて言いました。

> 私は「いじめ，差別は許さない」と言いました。今日，あなた方がりょうすけ君にしたことは，間違いなくいじめです。そう思う人は手を挙げてください。

　席に着いている全員が手を挙げました。そして，挙手をしている子どもたちに向かって言いました。

> あなたたちも「これはいけない」と思うなら，7人のしたことについて言いたいことを言ってください。

　子どもたちは一瞬「え？」という顔をしましたが，こちらが本気だという

ことがわかると,少し考えるような表情になりました。「言いたいことが決まったら姿勢を良くしてごらん」と言って,ほぼ全員の姿勢が良くなったところで,席順に話させました。

> ・大勢で,ひとりの人を殴るのは良くないと思います。
> ・ひどいことなのでやめてほしいと思います。
> ・自分もされたらいやだと思うのでやめてほしい。

表面的なことを言っている子どもがほとんどだと思いましたが,7人には十分だったようです。表面的であろうと何であろうと,30人近くに,自分たちの行為を否定されるのはつらいことだと思います。最初は,少しにやけていた表情がだんだんと曇り,うつむく子どもも出てきました。最後のひとりがコメントを言ったところで,私は座っている子どもたちに「ありがとう」と言いました。そして7人に向かって言いました。

> 私は,最初(学級開き)のときに言ったように,このクラスからいじめや差別をなくしたい。だから,今日,君たちがしたような行為を許さない。いいかい,よく覚えておきなさい。君たちに家族がいて君たちを大切に育てているように,りょうすけ君にも,りょうすけ君を愛して,大切に思っている家族がいるんだよ。君たちはりょうすけ君の家族の前で,りょうすけ君を殴れるのか?

全員首をふりました。

> 悪いことをしたと思っているの?

全員がうなずきました。

> 悪いと思っているなら，やるべきことがあるはずです。

しばらくの沈黙の後，りょうすけ君の席の周りに集まり，彼らは謝りました。りょうすけ君は，戸惑った表情を見せましたが，「もういいよ」と言いました。

> 君たち，二度とするんじゃないよ。

と最後に言うと，彼らは小さく「はい」と返事して席に着きました。後ほど，りょうすけ君を呼び出します。次の話をします。

> 気分はどうだい？　落ち着いた？　もし，君がまた，こうしたことをされても，絶対に守るから心配しないでね。何かあったら気軽に教えてね。先生は待っているから。

　今回，彼らが謝ったからといって次が起こらないとは言えませんし，何の保証もありません。特にりょうすけ君は，以前からそうしたことが何回かあったわけですから，不安なことと思います。だから安心させるようにしたいものです（幸いにしてりょうすけ君に同様なことは起こりませんでした）。
　6年生だからどんなに彼らに非があろうとも，集団の前で恥をかかせるようなことはしない方がいいでしょう。教師が「弱い」と見られたら，後で，仕返しをされる可能性があります。彼らの「面子を潰す」ことはしないでおきたいものです。
　しかも，この場合，出会って数日の6年生です。信頼関係がゼロ（ひょっとしたらマイナス）の状態です。教師がひとりで戦いを挑むのは，危険すぎます。

しかし，クラスを味方に付けて行動すれば，成功する可能性がグッと高まります。これだけ世間で「いじめは悪」だと言われれば，いじめた子どもを面と向かって擁護する発言は出てきません。

他者の居場所を奪った行為に対して，一時的に居場所を奪い，その痛みをわかってもらいます。そして「いじめは許さない」という担任の姿を見せるための指導でもあります。

4　現場を「えぐり出す」

「いじめはいけない」というスローガンが浸透すればするほど，子どもは自分の行為を「いじめ」として認めなくなります。今，子どもたちは「いじめはいけないことである」ということは知っています。しかし，自分の行為は「いじめ」だと思っていません。「これは，いじめじゃないよね」とか「相手も悪いから」などいくつもいいわけを持っているようです。

だからいじめの現場を「えぐり出し」て，それがいけないことだと教えることが必要です。「高学年女子のトラブル」（125ページ）のところでも述べましたが，子ども同士でグループで固まることが，他者に不快な思いをさせることまでわかりません。だから，それをロールプレイングなどで他者の視点に立たせて知らせるようにするわけです。

他者に平気で「死ね」とか「うざい」と言っている子どもも，「それが自分に言われたらどう？」と聞き返されてハッとする，なんてことは教室ではよくありますよね。

教室で「いじめ，差別は許さない」と宣言することは，絶対必要なことです。でも，そこからが「いじめ，差別との戦い」の始まりです。子どもの日常の中から「おかしい」という場面を「えぐり出し」て，子どもに考えさせたり，教えたりする地道な働きかけが必要になってくるのです。

あとがきにかえて

学級づくりを振り返る

ここまで読んでいただきありがとうございました。

最後に，現在の皆さんの学級づくりを下のチェック項目で振り返ってみてはいかがでしょうか。ゲーム感覚で気軽に答えてみてください。

学級づくりチェックリスト10

番号	項　　目	チェック
①	給食を残す子どもが学級の1割以下である。	
②	全員が清掃に真面目に取り組んでいる。	
③	歌を大きな声で歌っている。	
④	人間関係のルールが5つ以上ある。	
⑤	お互いの良さを認め合う場がシステム化されている。	
⑥	定期的に学級の問題を話し合う場がある。	
⑦	教師の下請けではない係活動が半数以上ある。	
⑧	年に3回以上は，お楽しみ会などの子どもが発案したイベントがある。	
⑨	学級目標を子どもが設定し，それを意識づける工夫をしている。	
⑩	私は，これで子どもと関係づくりをしているというネタや技術が3つ以上ある。	

あとがきにかえて

いかがでしたか。いくつ○がつきましたか。
次のようなレベルを設定させていただきました。

レベル	チェック	状　　態
1	0	学級崩壊真っ最中（もはや手遅れ）
2	1〜3	学級崩壊までカウントダウン（すぐに手を打ちましょう）
3	4〜6	潜在的学級崩壊（理想を確認し，弱点の強化を）
4	7〜9	学級崩壊は対岸の火事（たゆまぬ努力を！）
5	10	さようなら学級崩壊状態（本書に代わる提案を！）

　ムッとしませんでしたか？　それとも結構クリアしましたか。ドキドキさせてすみません。ちょっとしたゲームですからお許しください。
　でも学級づくりでは，駄目な状態はわかりやすいですが，どれくらい上達したかってわかりにくいものですよね。ですから，こうしたものを「よりどころ」にして学級づくりを評価してみるのも，学級づくりの上達法のひとつです。
　①，②，③は本書では直接出てきませんが，まとまりのある学級では共通して見られることです。学級にルールや人間関係ができていくと達成されてくるものです。

① 給食を残す子どもが学級の 1 割以下である。
　子どもの実態もあるのでそんなに厳密でなくて結構ですし，偏食の子どもはすべてがそうだとは言いませんが，給食を残す子どもは生活習慣が身についていなかったり，人間関係づくりが下手だったりすることがあります。食べ物を平気で捨てる子どもたちを放置しているかどうか，という教師の構え

を問うているわけです。食は生活の基本と言われます。基本をおろそかにしている学級で，学習中に子どもがどんな立派なことをしていようとも，本物ではないように思います。

② 全員が清掃に真面目に取り組んでいる。
　人のためになることを進んでやろうという雰囲気が育っていれば，清掃をきちんとやります。子どもにとってみれば，清掃は最もやりたくないことのひとつでしょう。しかし，人の役に立つことに直結する活動です。清掃をきちんとやる学級の子どもは，人のために働くことを嫌がりません。だから学級がまとまります。

③ 歌を大きな声で歌っている。
　歌は人間関係のバロメーターです。人間関係の悪い学級では，歌は歌えません。歌声の大きいクラスは，人間関係が良好な学級が多いです。しかし，好き勝手に怒鳴っているようでは駄目です。合唱として合格レベルかどうかということです。

④ 人間関係のルールが5つ以上ある。
　人間関係のルールについて指導しているかということです。教師がルールを理解し，意識して指導しなくては，子どもの身につくはずがありません。ルールなき学級はやがて弱肉強食の世界になります。最低5つはほしいです。

⑤ お互いの良さを認め合う場がシステム化されている。
　お互いの良さを認め合う行為は，人間関係をつくるために必要なことです。良いことを発見（お互いの良さを見つけ合う活動）などをしている学級は多いです。しかし，そのほとんどが単発の活動です。人間関係をつくることが苦手な子どもの多い今は，継続的にこれを行う必要があります。

あとがきにかえて

⑥ 定期的に学級の問題を話し合う場がある。

　話し合いをしない学級が増えています。これは危険です。完全平和の学級なんてあるわけがありません。トラブルをチャンスにして子どもを成長させるだけではありません。子ども同士の話が成り立つ学級は，民主的なルールが確立している学級です。対等なコミュニケーションを教える絶好の場です。

⑦ 教師の下請けではない係活動が半数以上ある。

　学級にある全係の半数以上が，教師の仕事の下請けになっていないかです。配り物をする係や黒板を消す係があってもいいのですが，そうした，教師の下請けの係だけでは，子どものアイディアが出てきにくくなります。子どもの自由な発想に支えられた活動の場があるか問うているのです。

⑧ 年に3回以上は，お楽しみ会などの子どもが発案したイベントがある。

　最近，時数が厳しくなってきてなかなか実施できないと聞きます。しかし，大人だって楽しい時間がないとやってられません。子どもだったらなおさらでしょう。お楽しみ会がときどきあるというだけで，子どものテンションは上がります。学級を魅力的にする重要な要素です。

⑨ 学級目標を子どもが設定し，それを意識づける工夫をしている。

　学級目標を子どもの総意で決めるだけでは駄目です。その目標を意識づける活動があるかということです。目標のキャラクター化だとか，学級目標達成記念パーティーなど，学級目標とリンクした活動が設定されているかどうかです。

⑩ 私は，これで子どもと関係づくりをしているというネタや技術が3つ以上ある。

　教師として，最低3つはネタや技術を持っていたいものです。私の3つは，

キャラクターとこわい話と徹底して相談にのることです。何でもいいのです。子どもとパイプを作る技を,「意識して」持ち,それを日々活用することです。私の知る限り,教師には魅力的な人がたくさんいます。でも,本人がその魅力に気づいていないことがあります。ご自身の魅力とちょっとした技で子どもと関係づくりをしていただきたいのです。

このチェックを年間4回実施します。そうすると、ご自身の学級づくりを自己点検できます。下に示す各月の下旬に振り返ります。下の時期に,もしもレベルが1や2ならばどうしたらよいかを考えてみました。

時　期	もしもレベルが1や2ならば
4月	腕が鳴りますね！　教師のチカラを試すときです。学級経営案に取り組むべきことを位置づけてスタートです。
7月	夏休みに各地で開催される教育イベントに参加しましょう。力量アップのチャンスです。
11月	やり直し・建て直しのギリギリの期限。でも,本気でやれば間に合います
2月	やれることをたったひとつでもいいから決めて,1日1日を大切にして全力で取り組みましょう。何かが変わります。

学級づくりはなかなか振り返ることが難しいところがあります。こんな評価もやってみたらいかがでしょうか。

コンピュータのことを語れるためには専門的な知識が要りますが,教育の

あとがきにかえて

ことは誰でも語れます。学校は誰もが通ってきた道だからです。誰もが評論家になれます。これから先も学校への期待はさらに強くなるでしょう。しかし、教師の地位が向上するわけではないでしょう。期待とは裏腹に教師の置かれている状況はますます厳しくなると思われます。いろいろな方がいろいろなことを言ってくるに違いありません。

しかし、学級において最も影響力をもっているのは、他ならぬ教師です。他から何を言われようとも、己の力量を高めるために邁進し、自信と誇りをもって、教育にあたっていただければと思います。そのために本書が役立ってほしいと切に願って終わりとしたいと思います。

赤坂　真二

【参考文献・記事】

赤坂真二「ふわふわ言葉・ちくちく言葉」
　　　　（佐藤幸司編『とっておきの道徳授業Ⅳ』　日本標準より）
手塚郁恵『好ましい人間関係を育てるカウンセリング』学事出版

【著者紹介】
赤坂真二（あかさか　しんじ）
　新潟市出身。1965年生まれ。学校心理士。19年間の小学校勤務を経て，2008年4月より上越教育大学教職大学院准教授。小学校では，アドラー心理学的アプローチの学級経営に取り組み，子どものやる気と自信を高める学級づくりを実践してきた。現在は，教員養成や学校支援にかかわりながら講演や執筆活動を展開している。

【主な著書】『小学校高学年女子の指導　困ったときの処方箋』，『「気になる子」のいるクラスがまとまる方法！』(以上，学陽書房)，『先生のためのアドラー心理学　勇気づけの学級づくり』，『ほめる　叱る　教師の考え方と技術　何のために・何を見て・どのように』(以上，ほんの森出版)，『スペシャリスト直伝！学級づくりの成功の極意』，『スペシャリスト直伝！学級を最高のチームにする極意』(以上，明治図書)。

(Series 教師のチカラ)
"荒れ"への「予防」と「治療」のコツ　学級づくりの基礎・基本
2008年4月10日　第1刷発行
2014年2月15日　第3刷発行

■著　者.........赤坂真二
■発行者.........山田雅彦
■発行所.........株式会社　日本標準
　　　　　　　　　東京都杉並区南荻窪3-31-18　〒167-0052
　　　　　　　　　電話　編集　03-3334-2653　営業　042-984-1425
　　　　　　　　　URL http://www.nipponhyojun.co.jp/
■カバーデザイン.....広瀬克也
■イラスト........赤坂真二・庄司きょう子
■編集協力........有限会社　ポシエム
■印刷・製本.......株式会社　リーブルテック

乱丁・落丁の場合はお取り替えいたします。

Ⓒ Shinji Akasaka　Printed in Japan

ISBN 978-8208-0364-5